COM CLARICE

FUNDAÇÃO EDITORA DA UNESP

Presidente do Conselho Curador
Mário Sérgio Vasconcelos

Diretor-Presidente
José Castilho Marques Neto

Editor-Executivo
Jézio Hernani Bomfim Gutierre

Assessor Editorial
João Luís Ceccantini

Conselho Editorial Acadêmico
Alberto Tsuyoshi Ikeda
Áureo Busetto
Célia Aparecida Ferreira Tolentino
Eda Maria Góes
Elisabete Maniglia
Elisabeth Criscuolo Urbinati
Ildeberto Muniz de Almeida
Maria de Lourdes Ortiz Gandini Baldan
Nilson Ghirardello
Vicente Pleitez

Editores-Assistentes
Anderson Nobara
Jorge Pereira Filho
Leandro Rodrigues

AFFONSO
ROMANO
DE SANT'ANNA

MARINA
COLASANTI

COM CLARICE

© 2013 Editora Unesp

Direitos de publicação reservados à:

Fundação Editora da Unesp (FEU)
Praça da Sé, 108
01001-900 – São Paulo – SP
Tel.: (0xx11) 3242-7171
Fax: (0xx11) 3242-7172
www.editoraunesp.com.br
www.livrariaunesp.com.br
feu@editora.unesp.br

CIP — Brasil. Catalogação na fonte
Sindicato Nacional dos Editores de Livros, RJ

S223c

Sant'Anna, Affonso Romano de, 1937-
    Com Clarice / Affonso Romano de Sant'Anna, Marina Colasanti. – 1. ed. – São Paulo: Editora Unesp, 2013.

    ISBN 978-85-393-0459-2

    1. Lispector, Clarice, 1925-1977 – Crítica e interpretação. 2. Literatura brasileira – História e crítica. 3. Crítica literária. I. Colasanti, Marina, 1937- II. Título

13-02584   CDD: 809
                                                              CDU: 82.09

Editora afiliada:

Asociación de Editoriales Universitarias de América Latina y el Caribe

Associação Brasileira de Editoras Universitárias

Sumário

PRIMEIRA PARTE   *Com Clarice*

Lembrando Clarice   11
por Affonso Romano de Sant'Anna
Lembrando Clarice   29
por Marina Colasanti

SEGUNDA PARTE   *De Marina para Clarice*

Porque a pena   41
(conto a partir de uma narração de Clarice)
Clarice perto do coração   49
(crônica)

TERCEIRA PARTE   *De Affonso para Clarice*

Ensaios
    Três ensaios, três momentos   57
    Clarice Lispector: linguagem   59
    Laços de família e *A legião estrangeira* . .   77
    O ritual epifânico do texto   121

Crônicas
    Crônicas.   167
    Sete anos sem Clarice   169
    Carta para Clarice   173
    Os cabelos de Clarice   179
    O lápis e a folha em branco   185
    Palavras que atrapalham e ajudam a viver   191
    Diálogo imaginário   195

APÊNDICE
    Entrevista de Clarice Lispector   203
      por Marina Colasanti, Affonso Romano de Sant'Anna
      e João Salgueiro

A Marina e a Affonso,
com carinho,
Clarice

Primeira parte

Com Clarice

Lembrando Clarice
por Affonso Romano de Sant'Anna

Pouco depois da morte de Clarice, Marina e eu fomos chamados para um encontro com Paulo Valente (filho de Clarice) no ateliê de Olga Borelli, em Botafogo, para conversarmos sobre os textos que ela deixou e trocar ideias sobre o que fazer com seu acervo.

Era um encontro de afetos. Me lembro de folhear alguns daqueles documentos, por exemplo, aquela única e mesma conferência que ela adaptava conforme o público e que foi pronunciada no Texas, em Brasília, Vitória, Belo Horizonte, Campos e Belém do Pará. Se não me falha a memória (e ela falha), acho que a vi dizer essa conferência em Belo Horizonte nos anos 1960.

Olho o xerox desse texto. Clarice sabia que não era conferencista nem teórica. Alguns vanguardistas, com os quais convivi nos anos 1950 e 1960, queriam cooptá-la. Como se depreende do texto, ela não estava à vontade diante da palavra "vanguarda", e os exemplos que dá naquele texto são antigos: eram Mário de Andrade, Bandeira, Drummond, Cabral e Marly Oliveira. Clarice não era vanguardista, era Clarice.

Olho agora em minha mesa essa conferência e descubro nas costas da última página, escrito à mão, talvez caligrafia de Olga Borelli, o que seria (possivelmente) projeto editorial ou resultado daquela reunião. Está escrito: é um "fundo de gaveta: fragmentos/documentos" com dez itens enumerados, a serem desdobrados.

1. Reportagens (repórter)
2. Cartas (primeiros escritos/escritora iniciante)
3. Artigo na época (estudante)
4. Caderno da mãe (mãe)
5. Páginas femininas (colunista feminina e *ghost writer*)
   – o comício / Teresa Quadros, [19]52, Helen Palmer, [19]59, Ilka Soares, 1960
6. Conferências (ensaísta)
7. Conferências (bruxa)
8. Pintura (pintora)
9. Entrevista do MIS, papo com Affonso e Marina
10. Clarice narradores

Nesse palimpsesto e/ou "fundo de gaveta", com emendas, setas, acréscimos com tinta de outras cores, destaca-se a pergunta: "que seleção foi essa?". Além disso, (trinta e tantos anos depois daquela reunião) duas frases agora me chamam a atenção. A primeira é "a entrevista é a grande costura"; e uma outra, "trazer ao público esse material médico?".

Sempre achei que certas coisa relativas à saúde física e mental de Clarice interessavam também à literatura, e não só à medicina. Falei sobre isso, aliás, com Lícia Manzo, quando ela me entrevistou na preparação para sua tese de mestrado. Ela, pioneiramente, aproveitou em seu trabalho o contato que teve com o analista David Azulay, que durante seis anos realizou cinco sofridas sessões semanais de análise com Clarice, até que ele resolveu parar porque a análise pouco avançava. Ele, médico, disse a Lícia que se escandalizou com a quantidade de tranquilizantes que a escritora tomava diariamente.

Com efeito, aquela estranha vibração que há nas frases de Clarice é de uma pessoa excepcional, um contato com uma "realidade" muito especial. Sem querer que diagnósticos médicos expliquem o talento literário, é bom convir que eles podem ajudar a captar certas nuances comportamentais e até textuais. Aliás, quando terminei a leitura da magistral biografia que Benjamin Moser fez sobre Clarice, anotei no final daquele livro: "Questão: as três irmãs passaram pelas mesmas tragédias. Pior: as duas mais velhas viveram isso mais que Clarice. Então, a tragédia não explica a arte (sempre). Os textos literários de Tânia e Elisa são literariamente diferentes dos de Clarice. Elisa é testemunhal. Elisa fez uma ficção interessante. O segredo, a fonte não é necessariamente a biografia. O talento é imponderável. Transcende os fatos, apesar dos fatos. Se a tragédia fosse suficiente, as duas irmãs seriam melhores escritoras que Clarice. A questão não é o que a vida fez de mim, mas o que eu faço de minha vida como escritor."

Dirigia a Fundação Biblioteca Nacional (1990-1996) quando minha ex-aluna Ester Schwartz e Raquel Gutierrez tiveram a ideia de criar a Sociedade das Amigas de Clarice. Achavam, devido à minha relação com ela, que a Biblioteca Nacional era, então, o lugar certo para que elas se reunissem regularmente. Claro que concordei. Já havia recebido a visita de Tânia, irmã de Clarice, que, seguindo sugestões minhas, acabou por fazer à BN a doação de doze cartas que Clarice escreveu às irmãs Elisa e Tânia. Eu sabia que Tânia tinha outras cartas, talvez mais pessoais, mas, apesar de minha insistência, não consegui tais doações posteriores.

Sobre essa Sociedade das Amigas de Clarice, gostaria de contar um episódio curioso. Estou eu no meu gabinete, no quarto andar da Biblioteca Nacional, quando a chefe de gabinete, Ana Regina Carneiro, aparece e me pergunta: "O que está acontecendo lá embaixo?". Ela havia passado pela sala onde umas 30 ou 40 leitoras de Clarice se reuniam. E ponderou: "Aquilo parece o Clube do Lexotan...".

Como dizem os portugueses, isso "tem piada". Leitores de Clarice vivem noutra dimensão. Já disse que reconheço uma leitora de Clarice a 500 metros de distância, pois leitor(a) anda a dois centímetros do chão.

Com Tânia, espécie de segunda mãe de Clarice, estive várias vezes; tínhamos uma relação afetuosa. Quando publicou o seu último livro de contos, insisti, em vão, para que *O Globo* fizesse uma reportagem com ela. Com Elisa, estive mais de uma vez. Uma delas foi na Sociedade Israelita, em Copacabana, quando Marcos Margulies, editor da Documentário, me chamou para uma mesa redonda com Elisa na ocasião em que ela publicou *A última porta*. Por várias razões, achei importante que Benjamim tivesse habilmente tirado dos livros de Elisa tantas informações para a biografia de Clarice. Anteriormente, Nadia Gotlib havia feito exaustivo e amoroso levantamento da vida e obra de Clarice numa rica fotobiografia que tem servido a muitos estudiosos.

Com Paulo Valente, o filho economista, herdeiro de Clarice, sempre tive tranquilo diálogo. Não pude, infelizmente, aceitar seu convite para ir à Ucrânia, quando inauguraram por lá em Tchetchelnick uma rua ou placa com o nome de Clarice. Lamentei. Não é todo dia que inauguram rua com nome de Clarice na Ucrânia.

Andei revirando aqui o que chamo de "quase diário", onde anoto coisas curiosas sobre os amigos escritores e encontro uma nota do tempo em que dirigi a Biblioteca Nacional:

23 de maio 1992 Ontem, vasculhando o arquivo do antigo INL (no Anexo da BN), descobri uma pasta "Clarice Gurgel Valente", anos [19]60, creio, 1966: ela aparece como funcionária, arquivista, recebendo um pagamento/salário de 300 por mês etc. Vou verificar. Tem a assinatura dela no recibo. Me lembro que, quando ela morreu, fiquei sabendo que recebia também um salário do governo do Estado do Rio, como algo que o Otto arrumou para ela.

Ao me deparar com essa informação, desenterro dos arquivos do computador (esse cemitério eletrônico de coisas sempre-vivas) algo que não sei se já virou crônica ou ficou como uma simples anotação. É um texto intitulado "Clarice leitura crítica". Aí revelo Clarice na função de parecerista do antigo Instituto Nacional do Livro. É interessante vê-la dizendo de forma pouco ortodoxa porque gostava ou não de certos livros que tinha que julgar e selecionar. Eis o referido texto, que nem sei quando foi escrito:

Na década de [19]90 andei revirando os arquivos do extinto Instituto Nacional do Livro, que foram parar na Biblioteca Nacional, e descobri uma série de pareceres de escritores recomendando (ou não) a compra de livros para bibliotecas públicas. Ali está, sigilosamente, o que alguns escritores realmente pensam sobre obras de seus colegas. Cheguei a copiar alguns deles, pois têm um valor crítico histórico.

De Clarice, encontro três julgamentos de obras alheias. Dois são mais interessantes. Comentando *Roteiro poético*, de Vivaldina Queiroz Martins, diz que o livro "comoverá uma empregada doméstica ou uma jovem ou senhora que vende atrás de um balcão", mas, embora elas tenham direito de "se sentirem compreendidas e expressas", Clarice é contra a aquisição do livro porque o INL "não pode descer a um nível tão baixo de literatura".

Já outro parecer, de 19 nov. 1969, é mais curioso. Já que esse tipo de documento não é um blá-blá-blá teórico, mas tem que ser claro, direto, Clarice aborda os limites e o conflito entre a leitora e a crítica, entre a literatura mais sofisticada e a literatura mais popular. Por isso, comenta: *O açude e outras estórias*, de Salm de Miranda, e *Giroflê, Giroflá*, de Cosette de Alencar, assinalando: "Ao ler ambos os livros procurei manter-me numa situação de crítica e de leitora, e não de escritora. Como escritora que sou, não gostei dos livros. Mas acontece que os livros não são publicados para escritores lerem, e sim para o público. Como escritora repugna-me o lugar-comum tão usado, por exemplo, em *O açude e outras estórias*. No entanto, analisando a expressão "lugar-comum", vê-se que este é dirigido ao homem comum, e mesmo necessário para uma comunicação imediata. E o público é, com excessões (sic), feito de homens comuns.

A trama de ambos os livros tem interesse, sendo melhor o romance *Giroflê, Giroflá* de Cosette de Alencar. Em *O açude e outras estórias* há momentos de franco mau gosto, para mim como escritora. Mas de novo me pergunto se um leitor comum – ávido que está de ler literatura nacional, sobre assuntos nacionais, e não só a traduzida –, pergunto-me se isso terá maior importância. É preciso incrementar a produção de literatura brasileira, e não ser demasiado esnobe em relação a ela.

Nos dois livros, de repente o leitor, no caso eu, nota que está comovido. E essa qualidade de provocar emoção não é de se desprezar, pelo contrário. E vem a pergunta minha como leitor apenas: que importa o lugar-comum ou a ausência de originalidade maior se ambos os livros tocam, como se diz, "nas cordas sensíveis do leitor". Noto, é claro, que também eu, ao dizer "cordas sensíveis", estou usando um lugar-comum... Mas o fato é que, através desse bom lugar-comum, eu me comuniquei. E é o que acontece com os dois livros medíocres: eles se comunicam com o leitor.

"Sou portanto favorável à compra, pelo Instituto Nacional do Livro, de número de exemplares que acharem por bem determinar, certa que estou de que as livrarias do Brasil estão repletas de livros estrangeiros que não são melhores que os dois citados.

Assinado, Clarice Lispector".

O estilo singular de Clarice remete às vezes à poesia. Certa vez pensei em fazer um ensaio entre dois autores antagônicos, mas amigos, que se admiravam: Clarice e João Cabral de Melo Neto. Embora ela operasse na pauta da "epifania" e ele na pauta do "trabalho", a maneira como tratavam imagens, o surrealismo implícito, tinha algo em comum. Isso sem falar no fato de ambos terem escrito poema e prosa sobre "o ovo". Desisti do projeto por uma série de razões, mas esse tema não passou despercebido a outra leitora de Clarice, Lenilde Freitas, que, em 2005, me enviou um livro – *Um batear poético na prosa de Clarice Lispector*. Ela recortava certos trechos de Clarice e os colocava em forma de versos.

Certa vez Clarice me emprestou uma coleção de seus primeiros textos escritos e que estavam batidos à máquina. Eram textos que, segundo ela, foram escritos desde os 14 anos. Havia várias folhas arrancadas, o que pressupunha que eliminara alguns deles. Mas um ou outro daqueles textos aparecia em *A legião estrangeira*. Obviamente não fiz cópia deles, apenas deixei uma menção disso numa edição de *Legião estrangeira* (que não encontro mais entre meus livros).

Mexendo aqui numas coisa que guardei, deparo-me com algo insólito. O processo que Clarice moveu contra o *Jornal do Brasil*, reclamando uma indenização por ter sido despedida em 1973. Fomos, aliás, muitos os despedidos, os que nos solidarizamos com Alberto Dines. Marina também rodou. No meu caso, deixei a página mensal "Jornal de poesia", que congregava todos os grupos de poetas e era distribuída gratuitamente nas escolas.

Clarice, colaboradora também demitida, acionou o jornal. Seu pedido entrou no Tribunal Regional do Trabalho em 30 de maio de 1974; o relator era o juiz Gerardo Magela e o revisor, o juiz Simões Barbosa. O advogado de defesa de Clarice foi Viveiros de Castro, que, generosamente, me deu de presente essa peça jurídica quando o processo foi arquivado, em 19 de junho de 1981. Nessa altura, Clarice estava mesmo na eternidade e não necessitava de mais nada.

Morava eu em Belo Horizonte nos anos 1960 e, como estudante de Letras, já havia lido coisas de Clarice até mesmo nas páginas da revista *Senhor*, onde também ousadamente escrevi. Um dia, caiu-me nas mãos *A maçã no escuro*. Foi um solavanco. Era um volume que me foi dado com anotações inteligentes de Marco Antônio Menezes, aquele amigo que adolescente, em Belo Horizonte, se correspondia com Samuel Beckett e que fez uma peça de vanguarda impactante com Olívio Tavares de Araújo (*Poesia não*, 1958). Pois esse livro, *A maçã no escuro*, ficou cravado em minha vida. Eu estava terminando o curso de neolatinas e acabei escrevendo um ensaio sobre aquele livro ressaltando a questão da formação da consciência através da linguagem. Daí a pouco iria conhecer Clarice pessoalmente.

Neif Safady, discípulo de Soares Amora, havia se mudado de São Paulo para Minas e tornou-se gerente da livraria Francisco Alves. Ele houve por bem me convidar para fazer a apresentação de Clarice numa tarde de autógrafos, ali na Rua Espírito Santo, quase esquina da praça Sete. Não me lembro se já havia escrito a Clarice, falando de meu encantamento por sua obra. O fato é que a fui buscar no Hotel Normandy para a tarde de autógrafos que seria ali perto. Pois estou sentado numa poltrona da portaria do hotel e eis que surge aquela mulher sólida, bela e desejável. Mineiro, fingi naturalidade.

Vou agora aos livros de Clarice na estante e descubro dentro de um deles uma relíquia de 19 de novembro de 1963, um recorte de jornal. De um lado, uma coluna diária de Ivan Angelo, para o *Correio de Minas*, "O que acontece", noticiando aquele lançamento na véspera e chamando para uma conferência de Clarice, às 20h30 daquele dia, na Faculdade Filosofia da UFMG. Do outro lado, um recorte com uma foto dela e a notícia: "Clarice lança 2 livros com tarde de autógrafo em BH". O material retrata de algum modo a estranha singularidade da autora. Assinala que "Clarice não respondeu à saudação, dizendo que seu silêncio e seus livros falariam por ela". O repórter escreve que Clarice nasceu no Cáucaso (sic) e assinala que, "dizendo que estava inibida com a presença de repórteres", preferia "dar entrevistas lendo as perguntas, por questão de tempo e de presença de espírito". Enfim, ela afirmava que "escrever dá muito trabalho [...] Mas que daria logo um prêmio a seu filho que escrevesse alguma coisa para tirar-lhe a ilusão de ser escritor". Embora a notícia dissesse, equivocadamente, que "seus romances se esgotam facilmente", ela fez questão de dizer que eles "mal dão para sustentar e impedir que passe fome". O resto da notícia sintetiza o que eu teria falado naquela tarde.

O fato é que depois fomos jantar num restaurante chinês ali perto da praça Raul Soares. Lembro-me de que, à mesa, ao comentar alguma coisa sobre o perturbador *A maçã no escuro*, o garçom, que estava servindo a sobremesa, interrompeu nossa conversa e se desculpou dizendo que a maçã estava escura, mas não estava estragada.

Em 2011, creio, Paulo Valente me convidou para gravar os contos de *Laços de família*, numa edição que deve ser da Quorum e da Rocco. Para um ator isso é normal. Para mim, não. Mas, devoto de Clarice, aceitei. E fui piamente às gravações, lá num estúdio no Jardim Botânico, como quem vai fazer algo devocional, espiar, olhar pra dentro e se abismar.

Se ler em silêncio o texto de Clarice é já uma aventura, imaginem experimentar o sopro de sua criação na própria voz. Acho que até anotei alguma coisa na ocasião. Recorro ao meu "quase diário", onde encontro anotações de agosto e setembro de 2010:

E a gravação já está quase finalizada. Falta um conto, e depois vamos fazer umas correções. Pode ser que de repente me escute e mande apagar tudo. Não é uma coisa fácil.

Ficou mais claro o desafio quando ficou patente que Clarice é uma autora para ser lida em silêncio. No máximo a *bocca chiusa*, pois ali o que está sendo falado é o inconsciente, é uma voz interior, dela e do leitor. Ou seja, ela fala para dentro, ela fala o de dentro.

Evidentemente que há diálogos, poucos. Muita descrição de situações em que as personagens viajam para dentro, alucinam, entram naquilo que apontei e descrevi nos ensaios sobre ela, na "epifania".

Alguns problemas saltaram logo à primeira releitura:
- seus textos não são exatamente realistas, mesmo quando cita os bairros do Rio; não são exatamente voltados para cenas exteriores tipo Jorge Amado, Rubem Fonseca;

- o tratamento que ela dá à pontuação é original. Muitos pontos na verdade estão no lugar da vírgula, como as duas frases iniciais de "Começos de uma fortuna": "Era uma daquelas manhãs que parecem suspensas no ar. E que mais se assemelham à ideia que fazemos do tempo";
- há alguns intervalos temporais, que seriam cortes cinematográficos, mas não vêm separados por espaço em branco, como se uma cena se engatasse na outra, mas há um tempo psicológico e narrativo entre elas;
- um conto como o primeiro é bem problemático. Primeiro, porque é longo e é um desafio para o leitor do texto e do livro. Segundo, porque tem um "sotaque" luso evidente: "Devaneio e embriaguez duma rapariga". O que fazer? Lê-lo com sotaque lusitano, já que até a gramática, a colocação dos pronomes e a estrutura gramatical das frases são corretamente portuguesas? Além do título que fala da "rapariga", já na primeira frase temos: "Pelo quarto parecia-lhe estarem a se cruzar os elétricos". O pronome indireto (lhe) correto, o infinitivo pessoal (estarem) e "elétricos" em lugar de "bondes". Portanto, a sintaxe e a semântica são evidentemente lusas. Isso sem falar em expressões preciosas como "frescurazita" para caracterizar a frescura da tarde, e versos de uma cantiga portuguesa já na primeira página.

Fiz outras anotações, mas aqui talvez interesse o que me ocorreu sobre o conto "Preciosidade" no que tem de elementos para se entender a autora:

5 set. 2010 Curioso como o conto "Preciosidade" é a melhor definição do temperamento de Clarice. Esse conto explica o jantar que não houve para ela, aqui em casa. Que não houve, havendo, pois ela que pediu o jantar, logo se retirou alegando dor de cabeça. E que ela estava sendo "olhada" como aquela menina de "Preciosidade", que se sentia agredida pelas pessoas que a viam na rua, pelas pessoas na escola. Como diz o texto do conto, ela tinha medo de todos, "medo que lhe dissessem alguma coisa", "que a olhassem muito". Enfim, como a menina, que cruzando com os homens na rua via-se atacada, ela se dizia o tempo todo: "Eles vão olhar para mim, eu sei, não há mais ninguém para eles olharem e eles vão me olhar muito".

Falar Clarice. A voz dela está registrada naquele depoimento histórico no Instituto Moreira Salles (IMS), que estamos resgatando nesta edição. Uma vez no Canadá (num daqueles "Rencontres Québécoises") vi numa livraria um CD no qual a atriz francesa Catherine Deneuve falava Clarice.

Os sotaques de Clarice. A incorporação da voz. Hélène Cixous, na França, é um caso de possessão. Otto Lara é que dizia isto: há casos de possessão envolvendo leitoras que se aproximam de Clarice. Lembro-me de uma aluna da PUC que, depois que Clarice morreu, ia à sepultura da escritora prestar-lhe homenagem. Hélène Cixous é outro caso: amou (tardiamente e *in absentia*) tanto a ucraniana/recifence/carioca que, ao escrever, fazia paráfrases de Clarice e utilizava-a para as complexas teorias derridarianas.

Vi Cixous numa mesa redonda, no Salão do Livro de Paris (1998), ao lado de Marina e de Michelle Bourjea. Ela contemplava Marina com evidente inveja e admiração, como se, pelo fato de Marina ter convivido com Clarice, era como se tivesse estado na gruta de Fátima.

Às vezes, Clarice e eu nos falávamos por telefone. Uma vez, não sei por que, em inglês. E nos divertíamos. A história da doação de seus cabelos à Seção de Obras Raras da BN, narrei-a numa crônica reproduzida neste livro. Seu livro *A vida íntima de Laura* é dedicado a várias crianças, inclusive à nossa filha Fabiana. Quando ela recebeu aquele prêmio em Brasília, pelo conjunto de obras, estávamos lá com ela, participando. Uma vez ela telefonou para falar sobre as entrevistas que publicava na *Manchete*. Como não era exatamente jornalista, amigavelmente me pediu para que eu mesmo fizesse as perguntas para responder. Fiquei constrangido. Como consequência disso, eu não posso dizer que fui "entrevistado" por Clarice.

Mas quando esteve internada no Hospital da Lagoa, prestes a morrer, afastou e dissuadiu seus amigos, sobretudo homens, a visitá-la. Por alguma razão, no entanto, abriu uma exceção para mim e Marina. Recordo-me da cena, ela na cama, derrotada. Não me lembro do que falei ou ouvi. Não sei se foi ali que ouvi, ou se foi depois, aquela frase que ela disse ao médico: "Você matou meu personagem".

Em dezembro de 2005, assistimos no Jardim Botânico do Rio, num cenário ao ar livre, à encenação de *A peca-*

dora queimada e os anjos harmoniosos, produção de sua sobrinha-neta Nicole Algranti com direção de José Antônio Garcia. Essa peça pode ser encontrada na edição original de *A legião estrangeira*. É um auto fantástico, em tom bíblico e medieval, e ao mesmo tempo terrivelmente profético: trata-se, como diz o texto, de "uma mulher que a bem dizer por si mesma já foi incendiada".

Clarice seria vítima de um incêndio em 1966, em um acidente doméstico. Esse texto, que redescobri naquela representação, no mesmo Jardim Botânico, onde uma de suas personagens teve uma epifania, talvez tenha mais elementos para a compreensão da personagem Clarice e possa ser reapresentado outras vezes, além de receber outras luzes atrozmente interpretativas.

Enfim... Clarice, aquela que se deixou incendiar na fogueira da linguagem.

Clarice Lispector, 1944.
Fotógrafo não identificado / Acervo Clarice Lispector / Instituto Moreira Salles.

Lembrando Clarice
por Marina Colasanti

Foi Clarice que pediu que fôssemos nós, Affonso e eu, a entrevistá-la naquela tarde no Museu da Imagem e do Som (MIS). E, de alguma forma, sem que pudéssemos sabê-lo então, ela nunca mais saiu de nossas vidas.

Estava linda, disse isso a ela quando saltamos do carro, na praça diante do museu. Vestia um sobretudo marrom, semelhante a uma camurça, de gola farta e cinturado, lembro perfeitamente porque o elogiei e ela sorriu, não apenas envaidecida, mas contente, de alma ao sol, coisa tão rara nela. Subimos as escadas do museu e João Salgueiro, o diretor, nos esperava na entrada.

Trinta e seis anos depois, já pensando em organizar este livro, Affonso e eu ouvimos a entrevista mais uma vez, no rádio do carro, subindo a serra rumo à casa de Friburgo. Durante mais de duas horas, completamente tomados, ouvimos, comentando e interferindo naquilo que não permitia interferência, como se estivéssemos juntos novamente, sentados ao redor da pequena mesa, naquela sala anódina. A voz de Clarice, tão familiar, indo conosco estrada afora, enquanto nos contava de sua infância no Recife, de fatos de sua vida, ou ria ou se perdia na conversa, embaralhada pelas lembranças que naquela tarde, protegida que estava pelo carinho circundante, transbordavam sem ferir.

A primeira vez que a vi, lá pelo início dos anos 1960, eu era uma jovem jornalista há muito apaixonada pela sua escrita. Fui à sua casa, levada por Yllen Kerr, jornalista tarimbado e amigo dela. Nessa visita eu era apenas um apêndice adorante e assim me mantive, calada, em êxtase. E assim também ela me tratou, com justeza, mal olhando para mim. Não foi ela quem nos abriu a porta, e quando dali a alguns minutos entrou na sala, me pareceu imponente, de uma beleza altaneira. Não recordo a roupa em detalhes, um vestido, certamente, porque me lembro das pernas, macio e ajustado, uma cor entre telha e sangue, quente. E as pulseiras. Usava duas escravas altas, de cobre batido, sem brilho, uma em cada braço. Eram as pulseiras exatas para serem usadas por uma mulher com aquele rosto tártaro. Dessas escravas, as mãos emergiam grandes e elegantes.

A conversa dos dois não foi muito fluida, havia pausas, Clarice se calava repentina, e eu percebia Yllen esforçando-se para buscar novos assuntos e recuperar o ritmo. Pensei que houvesse um qualquer embaraço entre eles. Não havia. Eu aprenderia depois ser esse o ritmo de Clarice, silêncios súbitos que tanto podiam significar uma suspensão na frase a ser logo retomada quanto o fim dela e que deixavam o interlocutor em suspenso. Entre as duas possibilidades, e sendo dela por merecimento a prioridade, a conversa ficava no ar por alguns segundos.

Vi as belas mãos de Clarice mais uma vez, e guardo a fotografia, ela autografando para mim em lançamento – que livro fosse já não sei – na Oca. Tempos depois aconteceu o incêndio, e com a beleza das suas mãos foi-se também aquela postura ereta que me havia impressionado e na qual se amparava para enfrentar a vida. Parece-me improvável que tenha voltado a usar as escravas de cobre.

Quando, anos depois, passou a colaborar no "Caderno B" do *Jornal do Brasil*, a perda de habilidade das mãos a atormentava. Não conseguia colocar corretamente o papel carbono entre as duas folhas e depois enfiar os três no rolo da máquina. "O carbono franze", me dizia com aquele sotaque de língua presa, que carregava nos erres. Dizia-o para mim, porque era eu, subeditora do caderno, a encarregada de atendê-la. Os meus colegas de redação tinham excessiva reverência ou paciência insuficiente, e Clarice ficou sendo "minha". Eu, que tanto a admirava, fiquei encarregada de cuidar dela, e das suas crônicas, dos contatos, dos trâmites. Com absoluto carinho, me vi maternalizando-a. Por essa época ela já havia ficado muito frágil, e era inevitável o desejo de protegê-la. Nunca lhe disse que, quando do incêndio, eu havia mandado para o hospital duas dúzias de rosas. Não era um assunto a relembrar.

Uma vez por semana, uma enviada vinha à redação trazer a crônica. E toda vez, entregando o envelope de papel pardo, a enviada me recomendava que tomássemos cuidado, Clarice mandava dizer que não tinha cópia. Ficasse segura, eu respondia, jamais perderíamos os textos, sabíamos bem de sua importância. Às vezes, ela mesma telefonava. E muitas outras, querendo tranquilizá-la, liguei para ela: "Clarice, não se preocupe, seus textos estão em um escaninho especial, seguríssimos". Pouco adiantava. Sem cópia, ela os sentia ameaçados. Aqueles textos eram duplamente valiosos. Embora concebidos – ou parcialmente concebidos – para o jornal, já tinham destino marcado como parte de um próximo livro ainda inexistente, a ser gerado, como todos os outros, pela fusão de tantos fragmentos. Encarregada da sua revisão e leitora pontual da edição no dia seguinte, foi sempre com alegria que os reencontrei nos romances. A promessa havia sido cumprida, nenhum deles foi perdido na redação.

De Clarice, qualquer gesto era precioso. E até hoje sorrio envaidecida lembrando a tarde em que me telefonou no jornal, para me perguntar onde podia comprar bonitos mocassins. Sorrio ainda mais porque ela nunca utilizou o endereço que lhe dei, nem me lembro de tê-la visto, antes ou depois, usando mocassins.

Jovens e casados há pouco, Affonso e eu gostávamos muito de receber. Para jantar, sobretudo, quando então eu ia para a cozinha tirar proveito da minha amizade com as panelas. E um dia recebi um recado. Nélida veio me dizer que Clarice estava sentida porque eu nunca a havia convidado, queria jantar em minha casa. Fiquei radiante. Eu nunca a havia convidado por timidez, por não imaginar que ela o desejasse, porque algo da jornalistazinha adorante que havia ido à sua casa ainda subsistia. Mas ela janta muito cedo, me avisou Nélida. Problema nenhum, faria o jantar à hora que ela quisesse.

A hora que ela queria era 18h30. Fiz os convites, chamei os amigos com quem ela desejava estar, avisei todo mundo, favor chegar na hora porque Clarice janta cedo. E todos chegaram, dia ainda claro. Clarice também chegou. Estava especialmente bonita, com uma roupa preta e branca como que zebrada. E alegre, visivelmente contente de estar ali.

Tomavam-se drinques, conversava-se, eu me atarefava subindo e descendo entre sala e cozinha – moro em apartamento duplex –, cuidando a um só tempo dos hóspedes e da comida. O jantar estava quase pronto quando Clarice se aproxima e discretamente me diz que quer ir embora, está com uma tremenda dor de cabeça. Não era coisa a negociar, percebi imediatamente. Chamei Affonso, comuniquei o acontecido, pedi que a levasse para casa. E ele, jovial e carinhoso, insistindo para ela ficar, o jantar estava saindo, uma aspirina resolvia. Uma aspirina não resolveria, poderia afastar a dor de cabeça, se dor de cabeça houvesse de fato, mas não devolveria a alegria com que Clarice havia chegado e que já não se via em seu rosto. Fui enfática. Affonso a levou em casa. O jantar foi servido quando ele chegou de volta, sem a convidada que o havia motivado.

Sempre achei que não se tratava de um capricho, nem de qualquer mal-estar físico. Ela havia vindo para estar alegre, para sentir-se leve e disponível ao prazer como os demais. Mas ser como os demais não era fácil para Clarice, na maioria das vezes não era sequer possível. E talvez aquela tenha sido uma dessas vezes. A sentir-se uma estranha no ninho, melhor voltar para o ninho onde não se sentia uma estranha, a sua própria casa.

Falaria desse jantar em 1998, no Salão do Livro de Paris, em que o Brasil foi o país homenageado, numa mesa redonda com Hélène Cixous, organizada e mediada pela professora Michelle Bourjea. Hélène Cixous é uma das principais responsáveis pelo reconhecimento de Clarice na França. Ensaísta, romancista, especialista em Clarice, há anos dá cursos universitários sobre sua obra. Michelle Bourjea viveu alguns anos no Brasil, e o encontro com a escrita de Clarice foi para ela transformador.

Preparei-me longamente para essa mesa. Li Clarice e coisas escritas sobre Clarice exaustivamente, durante meses, até ficar impregnada, tomada por ela. Queria falar dela e por ela sem hesitação, representá-la com o respeito e a intimidade que ela me havia autorizado a ter. Queria que a mesa fosse meu segundo buquê de rosas vermelhas para Clarice.

Se falei então daquele jantar, não foi com sentido anedótico, mas por considerá-lo emblemático. O anedótico não existe em reação a Clarice, cada mínimo fato sendo uma peça a mais para tentar entender o universo dessa escritora grandiosa.

Lamentavelmente, como com tanta frequência acontece nessas situações, o debate não foi gravado. E eu, que mais tarde deveria ter anotado em linhas gerais nossa conversa, acabei não o fazendo. A tessitura lúcida e apaixonada das nossas três vozes analisando a obra de Clarice e a pessoa que ela havia sido esfumou-se ao término do encontro.

Cometi uma outra falta naquela ocasião, e dela me penitencio. Depois da mesa, findos os cumprimentos, fui procurada por uma emissária de Gisele Halimi. Gisele mandava me dizer que queria conversar comigo, falar de Clarice, que eu dissesse a que horas e quando. Querendo ser delicada, e tendo em vista sua relevância, respondi à emissária que era eu quem se colocava à disposição, conversaria com Gisele no dia e hora que fossem mais convenientes para ela. Posso ter sido mal-interpretada. O fato é que ela não voltou a fazer qualquer contato, e eu perdi a oportunidade de falar de Clarice a alguém que tanto fez para divulgá-la.

Eu era pouco mais que uma adolescente quando trombei com Clarice nas páginas da revista *Senhor*. Foi um tranco em minha alma. Não tinha a menor ideia de quem ela fosse, provavelmente nem sabia o que era um *writer's writer*. Mas, ao me deparar pela primeira vez com um dos seus contos, não tive hesitação, aquilo era obra de um gênio literário.

Não estava sozinha nem na minha ignorância nem na minha admiração. Meu irmão Arduino lia comigo e teve a mesma certeza. Passamos a comprar a revista regularmente, rachando o preço que pagávamos com nossa mesada, e alternando a leitura, um mês ele lia primeiro, no mês seguinte era eu. Mas era eu quem, mais organizada, ficava depois com a revista. Organizada, porém jovem, ainda desatenta ao justo valor das coisas. Até hoje lamento ter destroçado a minha coleção recortando-a, e aos contos de Clarice, para fazer uma colagem que enfeitaria a cozinha do meu primeiro apartamento de solteira.

E um dia levei Clarice à cartomante. Levei, não, levamos, Affonso e eu. Está na entrevista. O que não está na entrevista é o quanto ela gostava dessas coisas, do trânsito entre o real e aquilo que chamamos mágico. Sentia-se bem, pisando em areia movediça. Talvez por ser essa sua condição interna e secreta, fazê-lo às claras, com plena autorização social, alegrava-a. Bastou Affonso e eu nos referirmos à cartomante com quem nos havíamos consultado e que dissera coisas muito pertinentes para ela querer ir. Marcamos o dia da consulta, fomos buscá-la em casa.

Partimos de carro rumo ao Méier, seguimos pelo caminho que acompanha a estrada de ferro. Dia de sol, aquele movimento do subúrbio. Clarice parecia uma menina, estava falante, a situação a divertia ao mesmo tempo que a deixava curiosa e tensa. Não é todo dia que se tem a chave do futuro na mão.

Na casa pequena com avarandado, entraram ela e Nadir no cômodo da consulta. Affonso e eu ficamos esperando entre potes de antúrios. Demoraram, as duas. E no caminho da volta, Clarice nada disse do que lhe havia sido revelado, fez só comentários ligeiros. Mas certamente gostou, porque, tendo aprendido o endereço, voltou lá até o fim da vida, por sua própria conta. E fez de Nadir a cartomante que põe cartas para Macabéa, em *A hora da estrela*.

Segunda parte

*De Marina
para Clarice*

Porque a pena

Era noite de ano-bom e quanta angústia no coração. Sim, estava em casa de amigos. Sim, tinha escapado à humilhação de ficar sozinha no seu apartamento, naquele apartamento capaz de em outros dias abrigá--la, ninho de livros, quadros e pontas de cigarros, mas no último dia do ano, sabia por experiência anterior, podia tornar-se tão dolorosamente alheio quanto um quarto de hospital ou um hospício. Sim, os amigos lhe queriam bem e uma toalha de renda branca sobre a mesa prenunciava farturas. Mas o bem que ela queria aos amigos não bastava para aquecê-la, e outras eram as iguarias de que tinha fome.

Saiu. Três degraus externos na casa de vila. Sentou-se no primeiro. A noite quente, sem cheiros que usurpassem o do seu próprio corpo. A noite habitada pelos sons de festa vindos das outras casas, as outras casas todas daquela cidade de incontáveis casas. Só algumas apagadas, como a sua.

Queixo nas mãos, nas mãos que sangravam invisíveis acolhendo mais que o queixo sua alma ferida, olhou os pés. Lavados de toda poeira, ninguém diria que vinham de tão longe, que haviam caminhado sobre as pedras cortantes na aridez e no deserto. Eram pés citadinos cobertos pelas tiras das sandálias. Só isso. Unhas cortadas e passado nenhum.

Havia seguido o seu Senhor sem ouvir-lhe a palavra, acreditando traçar seu próprio rumo. E agora, só agora, tão distante das colinas da Galilea, buscava em si a memória da Sua voz e nada ouvia.

Um rojão estourou em alguma parte.

– Senhor – disse ela, envergonhada de falar sozinha quando todos cantavam. – Senhor – repetiu, paciente no sofrer, para que Ele tivesse tempo de aceitá-la em sua atenção –, se há algum sentido nesta minha dor, se você existe, dê-me um sinal.

E deixou-se ficar no colo da noite, crucificada de solidão.

Em alguma parte alguém riscou um fósforo. Estrelas de artifício encheram a noite. Sobressaltou-se, voltada para o céu. Nem ouviu o farfalhar das asas. Virou a cabeça. Um pombo, vindo talvez de um dos telhados, pousou diante dela. Um pombo apenas, não um anjo. Um pombo branco. Que se pôs a ciscar na calçada à procura de migalhas.

E passada uma semana, porque o ar parecia vir de tão longe que ela quase o puxava para a garganta, como a uma corda, porque não encontrava nos dias nenhuma iluminação, decidiu consultar sua cartomante. Marcou hora pelo telefone. Tratou com um táxi, o subúrbio era longe. O carro ficou esperando na porta enquanto ela se consultava.
Demorou. A conversa, antes que partisse o baralho com o mesmo gesto sem retorno com que se abre uma porta, alongava-se rebordando inutilidades. E mesmo depois, as cartas abertas na mesa, fechadas na mão, embaralhadas, partidas, novamente abertas e dispostas na secreta escrita que só a outra sabia ler, comiam o tempo. O cafezinho da garrafa térmica, o copo d'água sobre o pires branco. Nada tinha pressa naquela sala, onde o que estava adiante já havia chegado. Elogiou o pote de begônias antes de sair. Sorriu mais um vez virando a cabeça. E eis que estava na rua, o sol quente marcando com sua sombra a hora exata, nem antes. Nem depois.

No carro, perturbada com o que a cartomante lhe dissera – palavras tantas que já se atropelavam e empalideciam em sua memória – desarvorada pela intimidade, tão maior que a sua própria, com que a outra transitava no seu passado e futuro, deixou pender a cabeça longamente, sem olhar além do vidro fechado.
Levantou-a num sinal, em rua que seria incapaz de reconhecer. O seu olhar até então cego ao que acontecia

lá fora despertou, subitamente atraído. E atravessando a calçada por entre os passantes, varando a vitrina sem tomar conhecimento dos reflexos e escritas, apossou-se de um objeto exposto ao fundo.

– Pare – gritou ela em voz baixa para o motorista, seu corpo protendido em direção à rua.

Saltou, entrou na loja.

Era uma espécie de fruteira de louça, de pé torneado, enfeitado de pequenas flores rosadas, em relevo. E pousados naqueles que seriam os quatro cantos se apenas a fruteira não fosse redonda, quatro pombos brancos debruçavam-se como se bebessem a uma fonte.

Afastados os livros, limpa a mesa que não era de canto, que não era de centro, mas que estava ali entre a poltrona e o sofá, a fruteira encontrou seu novo lugar. E a louça, sobre o escuro tampo, pareceu ainda mais branca e delicada do que havia sido na loja.

Olhando-a, orgulhava-se de ter ouvido o chamado, de ter atendido a silenciosa voz que a convocava do fundo da vitrina. Mas, parados na postura gentil, os pombos não traziam nenhuma resposta. E se a apaziguavam no final da tarde, quando sentada na poltrona evitava acender a luz, colhendo apenas aquela que se coagulava no côncavo da louça, não eram suficientes para impedir a lenta rendição de seus poros, veias e vasos que, negando-lhe a mínima defesa, pareciam abrir-se, entregando-a inteira ao silêncio.

Até que uma tarde, sentindo-se esvair como se só casca lhe restasse, como se ela toda fosse somente o invólucro de uma grande ferida, "preciso ir ao médico", pensou com a mesma amedrontada esperança com que alcançava o interruptor.

Percebeu que haviam gradeado o jardim público ao saltar da condução, indecisa entre a pura surpresa e a indignação. Rejeitou ambas. Não havia por que se surpreender, jardins são gradeados no mundo inteiro. Nem com o que se indignar, as grades não estavam ali para tirar liberdade, mas para garantir segurança. E porque podia fazê-lo sem medo de ser assaltada naquele bairro central, onde se sentia tão diferente, decidiu atravessar o jardim, no caminho para o consultório.

As áleas eram largas, o saibro entrava pelas sandálias intrometendo-se entre o couro e a delicada sola do pé. O pouco sol que passava através das copas espessas desenhava manchas sobre o chão, que se repetiam sobre sua pele, sua roupa, mimetizando-a, folha entre folhas, sapo entre sapos. E no entanto. Ouviu um pássaro, o ranger dos próprios pés. O barulho da cidade havia ficado lá fora, retido pelas grades. Parou um instante procurando o lenço na bolsa, deveria ter bebido antes de sair, o dia estava tão abafado e ela se cansava à toa ultimamente.

Dois homens sentados num banco riram alto, ela estremeceu. Não sentaria. Havia um velho derreado no banco mais à frente. Afastou-se temendo o cheiro da morte.

Faltava pouco para chegar, já podia ver o portão aberto. Mas uma súbita vertigem a fez parar. Olhos semicerrados, tateou com a mão erguida o tronco de uma árvore. Apoiou-se nele, dedos abertos, testa sobre os dedos, cabeça baixa de náusea, e no coração a pergunta: "Senhor, Senhor, por que o vinagre?"

Como uma folha que cai, alguma coisa veio volteando do alto, roçou-lhe os cabelos, esgueirou-se entre o braço e a cabeça, pousou no chão. E no chão ela a viu, branca pena de pombo junto ao pé cansado.

Que clara e limpa era a cadeira do consultório depois de toda aquela sufocante poeira. Que tranquilizador o médico com suas mãos rosadas cheirando a sabonete, sua fala acolchoada por aquela risonha segurança, dizendo-lhe que não, não havia nada, um pouco de cansaço talvez, o calor antes das chuvas que se prenunciavam, repouso seria o suficiente, repouso e distrair-se.

Estava tão grata que a distração lhe pareceu possível. Sairia, compraria uma saia nova, talvez voltasse a usar saltos altos, mulher igual a todas as mulheres, boca de batom e seios, salva pela ciência.

O médico atrás da mesa sorriu novamente para ela, cabeça enviesada, mais amplo agora o sorriso. As mãos rosadas pararam de brincar com a caneta, espalmaram-se sobre o tampo de vidro. E empurrando-se levemente para trás sobre a cadeira de rodízios, ele anunciou cúmplice:

– D. Clarice, tenho um presente para a senhora.
Colhida entre dois dedos na gaveta, como se fosse uma flor, estendeu-lhe a pena. Branca.

Marina Colasanti e Clarice Lispector. Rio de Janeiro, Galeria Geia. nov./1963.
Acervo pessoal de Marina Colasanti e Affonso Romano de Sant'Anna.

Clarice perto do coração

Eu não sabia que Clarice pintava. Ou talvez tenha sabido em algum momento e esquecido em outro. Se soube, foi porém depois de sua morte, porque nunca falei com ela de cores. Quando li agora, no jornal, pareceu-me uma coisa nova. Acho que tive uma ponta de ciúmes. Como é que Clarice pintava e nunca me disse nada? A mim, que pinto e teria gostado tanto dessa cumplicidade, de entrar com ela em terreno outro, de acompanhá-la na tal caverna que ela dizia ter pintado, caverna de estalactites e um cavalo louro. Mas como saber aonde Clarice nos levaria – e quando –, ela tão secreta e ao mesmo tempo exposta, tão cheia de esquinas além das quais tudo podia acontecer? E por que me entregaria esse presente, se talvez nem soubesse que eu teria gostado? Não, nunca me falou da pintura que andava inventando para si, nem naquela entrevista que fizemos com ela para o MIS, Affonso e eu, naquele dia em que ela chegou, bonita e tão alegre no seu casaco marrom – acho que era de camurça –, embora não estivesse nada frio. Nem na vez em que veio jantar em minha casa e não ficou para o jantar porque lhe deu dor de cabeça. Nem quando estivemos juntas em Brasília, nos últimos tempos, ela já tão frágil, pedindo um xale para se proteger da noite. De pintura nunca falou. Falou de cartomantes, de pombos brancos, de mocassins, mas de pintura nunca. No entanto, comentou com alguém: "Minha pintura não tem palavras: fica atrás do pensamento." E eu me pergunto se ao dizer isso ela sabia que seu texto, embora feito de palavras, também ficava, como a pintura, sempre atrás do pensamento, e que era sempre atrás do pensamento, da hermética clareza do seu pensamento, que ela devia ser procurada. "Tenho uma notícia ruim para te dar", me disse Affonso uma noite, de pé os dois, diante do espelho do banheiro. E meu coração se confrangeu. Agora já se passaram 15 anos. Surpreende-me que sejam tantos. Continuamos, como antes, falando dela, do seu escrever, do seu jeito de ser. E esse falar, que passados os primeiros dias tornou-se sereno, meio que apagou o limite, a fronteira entre o momento em que Clarice estava ali no Leme, podendo aparecer a qualquer momento através de um telefonema ou um novo livro, e aquele em que estava somente na escrita. Agora leio 15 anos e me parecem excessivos, estranhos ao nosso diálogo. Também os 52 anos de idade me parecem equivocados. Que tivesse 52 anos eu sabia então, mas ainda não conhecia esse tempo em meu próprio corpo, eram um número, uma abstração que me pareciam servir para ela, como qualquer outra idade teria servido. Ela atemporal, antiquíssima. Assim era a primeira vez que a vi, ou talvez não, a primeira vez que a vi fui à sua casa levada a reboque por um colega jornalista, eu jovem adorante, ela mal me olhando, mas olhando, com aqueles olhos rasgados que rasgavam o mundo a seu modo, as mãos grandes e duas pulseiras de cobre batido, uma em cada pulso, como grilhões rompidos. Altíssima me pareceu, vinda de longe. Não era alta, percebi mais tarde, mas vinha mais de longe do que eu pude ver aquela primeira vez. Depois, como que encolheu. O corpo de Clarice não aguentava Clarice. Foi lhe cedendo o passo. Ela crescia e ele se alquebrava. Gemia como barco em tempestade. Mandava recados. Pedia socorro. Ela, nada. Usava-o como se usa coisa alheia, sem reverência, embora gostasse de enfeitá-lo. Ele ensaiava rebeliões, caía, tropeçava. Ela lhe dava ordens exigindo que aguentasse a alta voltagem da sua criação. Ele adoecia, ameaçava apeá-la. Ela continuava lançando carvão nas caldeiras, trancada ali dentro. Com as mãos deformadas pelo incêndio, com o rosto repuxado por uma plástica, com as costas encurvadas por imposição das vértebras, ali dentro faiscando, luzindo, cometa em esplendor. Servia-lhe, porém, a fragilidade do corpo. Angariava amparo para a fragilidade maior, aquela que a levava de manhã cedíssimo à janela ou ao telefone, em pânico porque achava que não tinha mais nada a escrever, e que a fazia suspirar à noite porque não conseguia livrar-se da condenação da escrita. Pergunto-me se foi nesses momentos que começou a pintar, a seguir com o pincel os veios da madeira. Hoje leio que tinha 52 anos ao morrer e me parecem poucos para aquele corpo tão acabado, pouquíssimos para pôr fim a uma criação tão vigorosa. Tinha 52 anos e dali a pouco a fama ia chegar, a fama grande, maior, aquela à qual ela sempre soube que tinha direito. Antes dos 60, se apenas os alcançasse, seria reverenciada no mundo inteiro, considerada grande luz da literatura brasileira. Mas o corpo não lhe permitiu esperar. No duelo entre os dois, ele venceu o primeiro *round*. Ela, porém, acabou vencendo o segundo. Demonstrou aquilo que também sempre havia sabido, que não precisava do corpo para viver. "Você matou minha personagem", disse para a enfermeira na hora de morrer. O corpo para Clarice era uma ficção, uma personagem. Real era ela.

Jornal do Brasil, 7 de novembro de 1992

Clarice com Marina Colasanti e Nélida Piñon, na PUC-RJ, 1975.
Acervo pessoal de Marina Colasanti e Affonso Romano de Sant'Anna.

Terceira parte

De Affonso para Clarice

Três ensaios, três momentos

Os três ensaios a seguir marcam três momentos de minha leitura da obra de Clarice.

O primeiro – "Clarice Lispector: linguagem" –, publicado em 1962 [*O desemprego do poeta*. Belo Horizonte, Estante Universitária / UFMG, 1962], quando eu era ainda estudante de Letras na UFMG, retrata o impacto do romance *A maçã no escuro* sobre o jovem que eu era, enredado nas questões da linguagem e da vanguarda literária.

O segundo – as análises de *Laços de família* e *A legião estrangeira* – pertence ao livro *Análise estrutural de romances brasileiros*.[1] Nesse texto, repassei os principais trabalhos até então escritos sobre a autora e propus

---

1 Sant'Anna, Affonso Romano de. *Análise estrutural de romances brasileiros*. São Paulo: Editora Unesp, 2012.

outra análise, mostrando que seus contos tinham uma estrutura que atravessa toda a obra e que nesse contexto a questão da "epifania" era fundamental.

O terceiro – "O ritual epifânico do texto" – é uma análise da obra da autora, onde aprofundo a questão da "epifania", do "rito de passagem", do "neutro", dos "oximoros", da "errância" e da "deseroização" dos personagens. Foi publicado na edição crítica de *A paixão segundo G.H.* organizada por Benedito Nunes.[2] Utilizo na abertura desse ensaio a apropriação e a paráfrase do estilo de Clarice, introduzindo criatividade textual na ensaística.

Tenho outros textos críticos sobre Clarice, mas estes são, para mim, os essenciais.

ARS

---

[2] Lispector, Clarice. *A paixão segundo G.H.* Edição crítica. Benedito Nunes (Coord.). Madrid, Paris, México, Buenos Aires, São Paulo, Lima, Guatemala, São José da Costa Rica, Santiago de Chile: ALLCA XX/Scipione Cultural, 1997.

Clarice Lispector: linguagem

Não esquecendo que todo escritor realiza uma luta surda e contínua com a linguagem, é possível distinguir na literatura moderna dois grupos perfeitamente caracterizados: aqueles que tornam a batalha explícita e realizam sua obra, confessando a própria luta, mostrando-a em todos os seus ângulos, e aqueles que, não obstante a peleja, atingem uma forma clássica em que se não divisam as rugas do terreno. A obra de Albert Camus – *A peste*, por exemplo – demonstra muito bem a que ponto pode chegar um verdadeiro criador sem os malabarismos linguísticos e as invenções formais comuns à maioria dos romancistas modernos.

No Brasil, Clarice Lispector alinha-se entre os escritores pertencentes ao grupo dos que lutam continuamente com a linguagem de maneira aberta e sem tréguas. Com efeito, se em Clarice a *linguagem*, a *palavra*, como elemento gerador, como matéria-prima, já aparecia em obras anteriores, de maneira não velada, em *A maçã no escuro*[1] o tratamento dado, não somente à forma do romance, mas à sua própria temática, indica que a autora resolveu encarar o problema de uma vez por todas, inteiramente, por dentro e por fora, e de maneira exaustiva.

Os problemas da linguagem neste livro comportam três ramificações: 1) uma questão filosófica: a *linguagem/palavra* como instrumento de consciencialização da realidade. Por meio dela, de seu domínio, os personagens se realizam e se organizam. Martim, por exemplo, cresce à medida que domina seus meios de expressão. Esse domínio é que vai lhe fixar a consciência e supremacia sobre os minerais, vegetais, animais e depois sobre os seres humanos que o cercam; 2) a segunda questão é essencialmente literária e a ela chega o personagem central depois que já consegue se expressar oralmente: então se dirige à linguagem escrita. Toma um papel e um lápis e sua atitude perante esse branco será a do escritor – da própria escritora –, num profundo depoimento sobre a arte e o sofrimento de escrever; 3) intrinsecamente, a última questão proposta é a do domínio dos meios fabulares de expressão, não somente como tarefa do filósofo ou do escritor, mas do homem comum. A linguagem é problema pelo qual todos passam – bem ou mal, uma vez que a palavra é

---

[1] Lispector, Clarice. *A maçã no escuro*. Rio de Janeiro: Francisco Alves, 1961.

nosso mínimo múltiplo comum e divisor geral. E é nesse sentido que Martim é o personagem que se identifica com o leitor comum. Ele tem uma tarefa a cumprir: descobrir a si mesmo e aos outros. Esse descobrimento será concretizado à medida que "organize sua alma em linguagem" e se exprima para si mesmo e para os demais.

E aqui o ponto-chave da proposição de Clarice e onde sua intencionalidade pode ser identificada com o pensamento de linguistas e filósofos como Sapir e Martin Heidegger, que conferem ao simples ato da prolação o sinônimo de criação. O homem, quando fala, se expressa, está criando. Nesse sentido é que todos são genericamente poetas, isto é, criadores. Essa atitude mental, às vezes espontânea, é que os distingue do bruto. É o que assinala Clarice:

> A compreensão do mundo exterior e interior resume-se numa construção e representação desse mundo dentro do nosso espírito, através de um trabalho mental que depende da linguagem como a marcha animal depende das pernas. Há uma aderência essencial do pensamento às palavras – *worthaftigheit*.[2]

Martim é o personagem essencial de Clarice. Ele estava "à espera de que a palavra o levasse à semelhança do mun-

---
2   Câmara Jr., Joaquim Matoso. *Princípios de linguística geral*. Rio de Janeiro: Livraria Acadêmica, 1962.

do, à espera de que ela o unisse a si mesmo, vivendo com essa palavra na ponta da língua". Por meio da linguagem é que ele vai se unir e descobrir o objeto (mineral, vegetal, animal – a mulher). Pela linguagem ele conhece o objeto e a si mesmo. Pela linguagem o homem tenta superar a si mesmo e ao objeto e se *projetar* no sentido mais sartriano possível. Essa ideia de *projeto* estará explicada quando abordarmos o sentido de *futuro* na obra de Clarice, futuro para o qual Martim insistentemente se dirige.

Realizar-se por meio da linguagem significa tomar conhecimento do mundo-aí, reproduzi-lo depois mesclado ao seu drama íntimo, revelando um estado de consciencialização da própria circunstância. E é como criador de si mesmo e, portanto, de sua linguagem que Martim é um herói típico. Como um homem da pré-história, no princípio, ele mal suporta a linguagem de seus sentidos e a onomatopeia. Ao final, ele atinge a frase inteira, o período, e isto deve significar que ele deixou a caverna e se civilizou. Portanto, da palavra-frase ao discurso, Martim é a obra de si mesmo, de sua linguagem, de sua expressão e de sua alma organizada em palavras.

Podemos afirmar que todos os temas do livro decorrem dessa postulação central: linguagem como criação. O problema da *liberdade*, por exemplo, que poderia ser encarado como o verdadeiro e fundamental de seus personagens, tem suas raízes na própria luta pela linguagem, uma vez que a libertação dos meios de raciocínio dos personagens, o alcance de sua própria liberdade, se dará na medida em que eles dominem e exprimam a si mesmos. O homem só será livre quando consiguir se exprimir e é graças a essa expressão que ele pode calcular sua vida com palavras, como o fez Martim. O seu poder, sua força sobre os demais, enfim, sua libertação se dá na medida em que se exprime, em que aprisiona os objetos, conceitos e pessoas em seu campo semântico, em seu plano vivencial e de expressão.

Assim encarados, os personagens de Clarice em *A maçã no escuro* são existencialistas. Partem para a construção de si mesmos, da *existência* para a *essência*. E é graças à *liberdade* que adquirirão conseguindo se exprimir e se impor aos seres e objetos que caminharão para a *essência*.

Clarice quer também dar um sentido à liberdade de seus personagens e este é um dos pontos nevrálgicos da obra, porque o *compromisso* que Martim assume de empenhar sua liberdade é por demais fluido, incaracterizável. No entanto, sua angústia quando diz "Sabia que se tinha feito. Mas faltava saber o que é que um homem faz. Senão de que lhe teria valido a liberdade que alcançara?" é a mesma angústia sartriana em Mathieu: "Mas para que serve isto, a liberdade, se não for para se comprometer?".

Talvez a fluidez desse conceito de liberdade e compromisso associal, apolítico e não se sabe até que ponto inumano ou artificial em Martim possa ser compreendida se admitirmos que existe uma atmosfera de *absurdo* – no sentido caracterizado pelo existencialismo e mais especialmente por Albert Camus – que envolve tudo e todos os personagens de *A maçã no escuro*: "O absurdo envolveu o homem, lógico, magnificente, perfeito – o escuro o envolveu". Este é o motivo por que, mesmo aceitando que o universo e a vida poderiam ser finitos e não eternos, isto é, mesmo reduzindo o universo aos limites da nossa compreensão, como o quer Ermelinda, tudo será igualmente absurdo: "Bem, então imagine o contrário: um mundo que um dia começasse e que um dia acabasse. Pois a ideia é igualmente monstruosa".

E é dentro desta "teoria do absurdo" que Martim, de certa forma, conclui com o doutor Rieux de *A peste* ("O essencial era cumprir o seu dever.)[3] quando se comporta nas dimensões do Sísifo, rolando continuamente a pedra que lhe deram; ainda que chegando ao cume da montanha, de novo e sempre, ela torna a cair: "Não se sabe de onde se vem e não se sabe para onde se vai, mas que nós experimentamos, nós experimentamos! E é isto o que temos, Ermelinda, é isto o que temos". De resto, a "teoria do absurdo" poderá ser sintetizada no diálogo final entre pai e filho (aliás, um dos melhores achados de toda a obra de Clarice):

– Você ao menos sabe que esperança é o grande absurdo, meu filho?

---

3   No original: *L'essentiel est de bien faire son métier.*

– Sei sim, meu pai.

– Então vai, meu filho. Ordeno-te que sofras a esperança.

Observe-se que o próprio absurdo foi reduzido à linguagem e consciência, e os personagens o admitem na medida em que organizam sua alma em linguagem.

Da mesma maneira que liberdade é uma palavra que se adquire vivendo, a libertação é uma situação que se atinge pela palavra e expressão de si mesmo. Assim, *destino*, *Deus*,[4] *eternidade*, *amor*, *passado*, *futuro* e o próprio *ato ou crime*[5] de Martim são essencialmente palavras. E uma palavra pode ser a chave de toda uma vida, como para Martim o foi em princípio a palavra "crime": "Mas você sabe que a pessoa pode encalhar numa palavra e perder anos de vida? E que esperança pode se tornar palavra, dogma e encalhe e sem-vergonhice?".

---

4 O conceito de Deus nesta obra é igualmente existencialista e confunde-se com o mesmo conceito que Rilke expressou em seus poemas. Expressões como "Deus é nossa tarefa, nós não somos a tarefa de Deus" ou "Ele soube que teria que se diminuir diante do que criara até caber no mundo, e diminuir-se até se tornar filho do Deus que ele criara porque só assim receberia a ternura" identificam-se plenamente com esses versos de Rilke:
"Que será de ti, ó Deus, quando eu morrer?
Sou teu cântaro (quando eu me quebrar);
[...]
Comigo e em mim, se perderá o teu sentido
Que será de ti, ó Deus? Sinto-me inquieto."
5 Martim havia tentado matar a esposa por ciúme e fugira. No fim do romance sabe-se que ela não morreu. A palavra "crime" e seu gesto são eminentemente simbólicos.

Pois bem. "Crime" – foi a primeira palavra em que Martim encalhou. Ele só se desvencilhará dela, só a subjugará, quando *crime* não for mais crime, mas o *ato*, a *grande cólera*, o *grande pulo*. Para Martim, a palavra "crime" e toda sua carga semântica e vivencial significará seu ato inaugural de criação, seu ponto de partida, seu trampolim para o futuro, o princípio de seu "projeto": "ele precisava desse erro para ir adiante, e usou-o como instrumento". E o sentido que "crime" possa ter enquanto *langue* não lhe interessa, uma vez que o único sentido para ele válido é o que lhe dá sua *parole*:[6]

> E de tal modo, com perverso gosto, o homem se sentia longe da linguagem dos outros que, por um atrevimento que lhe veio da segurança, tentou usá-la de novo. E estranhou-a como um homem que escovando sóbrio os dentes não reconhece o bêbado da noite anterior. Assim, ao remexer agora com fascínio ainda cauteloso na linguagem morta, ele tentou por pura experiência dar o título antigamente tão familiar de *crime* a essa coisa tão sem nome que lhe sucedera. Mas – *crime?* A palavra ressoou vazia no descampado, e também a voz da palavra não era sua. Então, finalmente convencido de que não seria capturado pela linguagem antiga.

---

6 *Langue* e *parole* obedecem aqui aos conceitos de Saussure. *Langue* é a linguagem coletiva falada por todos. *Parole*, a linguagem particular, individual, inseparável de cada indivíduo enquanto unidade.

Como Martim, a linguagem é que vai levar Vitória à semelhança do mundo e das coisas. Antes de ele chegar à fazenda ela era "uma mulher tão poderosa como se um dia tivesse encontrado uma chave. Cuja porta, é verdade, havia anos se perdera [...], mas vivia disso." Seu passado estava intocável, impraticável, como uma brasa coberta de cinzas. Mas um dia tal brasa arderá e ela crescerá na medida em que a ardência aumente. Então ela, que a princípio *conversava*, mas não se *expressava*, ao se utilizar das palavras para se exprimir, ao se utilizar delas para desenterrar seu passado (seu pai morto, sua vida na cidade etc.), ganha dimensões novas, passa a ser uma mulher com um passado também organizado em linguagem, conscienciali-zado, presentificado. Passa, então, a necessitar de palavras e auditório. Daí sua atitude antropofágica sobre Martim, obrigando-o a escutá-la, despejando sobre ele toda sua alma e seu mundo antigo. Era o vômito necessário do passado que Martim lhe havia provocado: "agora ela possuía todo um passado pela frente".

A linguagem não é somente o traço essencial do homem,[7] ela é que lhe dá sentido, uma vez que por ela

---

7 Observe-se o que diz Karl Bühler: *"En cambio, otros sostienen que hablar y ser hombre viene a ser lo mismo, o que el modo de expresión del lenguaje (más exactamente, de la lengua) es el medio en que se nos da y puede manifestarse unicamente el mundo exterior y el mundo interior por lo menos, pensar y hablar han de ser lo mismo, a saber: logos, y el pensamiento mudo, sólo un hablar que*

ele se apodera das coisas e se exprime. É seu elemento diferenciador.

O domínio da linguagem ou as tentativas de linguagem é que dão a Martim a superioridade sobre animais, vegetais, minerais e o diferencia dos outros. Percebendo-se diferenciado, orgulhoso dá seu grito de triunfo: "Eu era como qualquer um de vocês, disse então muito subitamente para as pedras, pois estas pareciam homens assentados". Esse orgulho e fascínio pelas palavras é que o leva a alguns pecados, pois que se maravilhando com sua grande descoberta – *a palavra* – chega a "se vender a uma frase que tinha mais beleza que verdade" (o que aliás sucede repetidas vezes com a própria autora).

Somente no fim do livro o personagem irá descobrir que a humildade é qualidade essencial para o manuseio das palavras; aí aprende que não lhe é permitido nomear todas as coisas e que ninguém poderia ter todas as chaves nas mãos, como não poderia ter todas as palavras consigo, pois isso implicaria um estado de onisciência. Agora, então, está apto para amadurecer palavras desconhecidas

---

no se puede oir" [Por outro lado, outros sustentam que dá no mesmo falar e ser homem, ou que o modo de expressão da linguagem (mais exatamente da língua) é o meio pelo qual se revelam a nós e podem se manifestar o mundo exterior e o mundo interior ao mesmo tempo, pensar e falar é o mesmo, a saber: logos, e o pensamento mudo, apenas um falar que não se pode ouvir]. Teoria del lenguaje, *Revista de Occidente*, 1950.

e "[...] não encontrar um nome aumentou-lhe imperceptivelmente a inquietação de que ele gozava [...] e nesse instante foi como se todo um futuro ali mesmo se estivesse esboçando, e ele só fosse conhecer os detalhes à medida que os criasse".

Isso esclarece perfeitamente um outro passo do livro, quando o professor que visitava a fazenda, explicando por que não escrevia um romance, disse:

> Não poderia! Saltou o professor, aí é que está! Não poderia exclamou penoso, não poderia porque tenho todas as soluções! Já sei como resolver tudo! Não sei como sair desse impasse! Para tudo, disse abrindo os braços em perplexidade, para tudo eu sei uma resposta!

Essa posição é antagônica à de Martim. É impossível, não é lícito, não é tácito, não é permitido ter todas as palavras e soluções. Elas pertencem a si mesmas, ao próprio tempo por vir; elas mudarão de sentido e direção segundo o próprio desenrolar dos fatos e do processo criador da alma. Linguagem é criação e o fenômeno da criação não exclui, ao contrário, inclui os acidentes do caminho.

Atestando cada vez mais que Martim "era um homem que precisava de palavras", Clarice atinge um estágio com a evolução de seu personagem em que, uma vez dominada a linguagem oral, ele se dirige à linguagem escrita. Este trecho do livro é válido como testemunho e experiência da escritora; o que é ter um lápis na mão e escrever ou não: "Que esperava com a mão pronta? Pois tinha uma experiência, tinha um lápis e um papel, tinha a intenção e o desejo. Ninguém nunca teve mais que isto. No entanto, era o ato mais desamparado que ele jamais fizera".

Mas muito mais que depoimento, este trecho é revelação de um novo estágio na evolução de Martim. Vejamos: no princípio do livro, Martim, andando pelos descampados, absorve o mundo exterior pelos sentidos. Está em pleno estágio da *percepção*: "achou mais prudente comunicar-se com as situações através do tato", "depois como se pensar tivesse se reduzido a ver". Aqui, percepção é a primeira forma de pensamento. Martim reage como a criança que retém o mundo pelos sentidos, percebe-o, mas não o pode explicar.[8]

Vencida esta fase, Martim *procura uma linguagem* para seu pensamento e isto é fruto de seu processo evolutivo, seu amadurecimento. O pensamento nosso é fruto de experiências. Ele, que no estágio da percepção não tinha acumulado experiências suficientes, agora nesta outra fase já procura se exprimir e se explicar aos seres e objetos. Ele está sob o domínio do *impulso de comunicação*. "E pela primeira vez desde que fugira tinha necessidade de se comunicar".

---

8   A respeito disso, podem ser vistas obras de Jean Piaget, como *A psicologia da inteligência* (Trad. Egléa de Alencar. Rio de Janeiro: Fundo de Cultura, 1958) e *A linguagem e o pensamento da criança* (Trad. Manuel Campos. Rio de Janeiro: Fundo de Cultura, 1959), bem como de Sílvio Rabelo, *Psicologia da infância* (São Paulo: Companhia Editora Nacional, 1943).

No terceiro estágio, Martim chega à volição. Já com experiências acumuladas, com a alma organizada em linguagem, quer agora provocar sua evolução. Ele, assentado com um lápis e um papel, significa o último estágio, já não é mais a criança em que o pensamento vem antes da linguagem, é o adulto em que a linguagem pode organizar o pensamento, em que o exercício das palavras pode provocar e desenvolver a mente, levando-o cada vez mais à semelhança do mundo e das coisas. Claro que este desejo de progresso a partir do exercício da linguagem não chega sempre a termo satisfatório. Mas ele sabe que a finalidade está em que este ato é o *processo* e, portanto, "não tem importância porque se com essa frase eu pelo menos cheguei a sugerir que a coisa é mais do que consegui dizer, então, na verdade, eu fiz muito: eu aludi".

Em resumo, toda a evolução de Martim pode ser posta nestes termos: a percepção é a primeira forma de pensamento, o pensamento se manifesta através da linguagem e a linguagem pode desenvolver e enriquecer o pensamento, descobrindo o mundo para o homem.

Símbolo e linguagem

A afirmação de Delacroix de que "a arte de pensar é em parte a arte de construir símbolos" nos ocorre a propósito de *A maçã no escuro*. Existe em todo o livro uma preocupação simbólica, e ao próprio personagem central "as coisas simbólicas sempre o haviam incomodado muito".

Em primeiro lugar, Clarice simboliza quando desenvolve situações paralelas, uma complementando ou aludindo à outra. Por exemplo: depois que Vitória se descobre à custa de sua confissão a Martim, no dia seguinte na fazenda "a vaca deu à luz um bezerro". Ou então, quando afirma no fim da obra, destacando mais ainda a superioridade de Martim: "Martim era o único alto no meio deles, como se uma turma de anões armados o rodeasse".

Não obstante, não é esta espécie de símbolo que nos interessa agora. Aludimos ao caráter eminentemente simbólico da linguagem.[9] Não é a própria realidade, embora tente simbolizar a ideia e a realidade. Tenta concretizá-la, mas não pode mais que recriá-la em termos platonizantes de *suprarrealidade*.

A ideia de *símbolo* vem de certa forma se fundir à ideia de *projeto*. Martim avança, se constrói à medida que se dirige para seu próprio símbolo e seu êxito consistirá em fundir-se com ele: "E era como se ali Martim se tornasse o símbolo dele mesmo". Isto estará claro diante da própria confissão do personagem: "Eu queria o símbolo porque o símbolo é a verdadeira realidade! Eu tinha o direito de

---

9 *"La lengua no pinta en la medida en que seria posible con los recursos vocales humanos, sino que simboliza; los nombres son simbolos de objeto"* [A língua não retrata na medida em que seria possível com os recursos vocais humanos; ela simboliza. Os nomes são símbolos de objetos]. Bühler, op. cit., p.173.

ser heroico! Pois foi o herói, em mim, que fez de mim o homem". Sua atitude está enquadrada perfeitamente dentro do esquema heideggeriano: ele estava jogado aí e tenta fazer de sua vida um *pro-jectum* (*ent-wurf*) em direção ao por-vir (*Zu-kunft*).[10]

Por isto é que *projeto/símbolo* encontra correspondência com a definição de *futuro*. Toda energia do personagem é para se dirigir ao futuro, executar seu projeto alcançando seu símbolo. E nesta caminhada "nada poderia entrar no jogo e nada poderia sair: o material de sua vida era esse mesmo". O futuro, portanto, é contado como obstáculos a serem vencidos e não como tempo gasto para isto; é um acervo de presentes em direção a. Daí, "enquanto o futuro não sucedia" inteiramente, já sucedia em partes. E só assim se poderá entender passagens como esta: "E nesse instante foi como se todo um futuro ali mesmo tivesse se esboçando, e ele só fosse conhecer os detalhes à medida que os criasse. Martim passara a pertencer aos seus próprios passos. Ele era dele mesmo".

E é justamente neste sentido que sua obra é igual e contrária à de Proust. Se no francês o passado é redescoberto dentro do presente, em Clarice o futuro é destrinçado da consciencialização dos presentes. Ele, Martim, arrasta para si o seu futuro, arrasta para si o seu projeto, domi-

---

10 Heidegger, Martin. *Que é isto, a filosofia*. (Trad. José Henrique dos Santos). Belo Horizonte: Estante Universitária, DCE / UFMG, 1972.

na-o, apodera-se dele, pela expressão, pela linguagem, pela consciencialização de sua situação no trampolim do passado.

Evitamos até agora dar qualquer juízo de valor sobre a obra, pois entraríamos em outro setor – o da prática. Mas apenas seduzido pelas implicações linguísticas do livro, gostaríamos de aplicar, ou poderíamos aplicar, para um aferimento crítico o esquema de Karl Bühler sobre a função da linguagem. Claro que Bühler estava se referindo aqui aos estudos linguísticos. Mas é possível aproximarmos seu triângulo para, no campo estético, exigirmos da linguagem feita arte seus três itens: *representação, exteriorização psíquica* e *atuação social ou apelo*. Assim, uma obra de arte, no caso a ficção, deveria em primeiro lugar ter a *função representativa*, que é a função básica da linguagem. Em segundo lugar, a *exteriorização psíquica*, que é indispensável à criação literária, mas que com o primeiro item não basta para fazer de uma obra de arte um objeto acabado se não se atingir o ápice da pirâmide com a *atuação social ou apelo*. E quanto a isto é necessário dizer que o romance de Clarice ficou nos dois primeiros itens e, talvez, sobrecarregando por demais o segundo em detrimento do terceiro.

Enfim, construindo na verdade um anti-herói, a autora cria um personagem tipicamente experimental, acionado por chaves e botões e o mais das vezes funcionando teleguiadamente; ela reconhece que ele não chega ao *êxito* (nem essa era sua missão). Ele cumpriu sua obrigação: *experimentou*. Mas ao fim está cansado porque "seu fôlego era curto, a capacidade de seu estômago pequena. O próprio crime tinha sido uma *performance* esgotante". Mas esta era a sua *história* e "toda história de uma pessoa é a história de seu fracasso... Através do qual... Ele, aliás, não falhara totalmente. Porque eu fiz os outros, disse se olhando os quatro homens". E justificando todas as nebulosas do livro através de Martim, Clarice vai dizendo: "Sobretudo, pensou ele, juro que no meu livro terei a coragem de deixar inexplicado o que é inexplicável"; e termina de uma maneira muito própria, transpirando ainda o problema da linguagem (e da mesma maneira nos despedimos nós):

"Desculpe qualquer coisa que eu tenha feito sem querer. Desculpe qualquer palavra mal dita".

BELO HORIZONTE, 1962

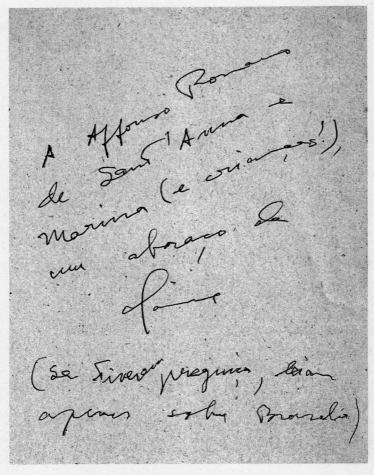

Autógrafo de Clarice a Affonso Romano de Sant'Anna e Marina Colasanti
em exemplar de *Visão do esplendor*.
Acervo pessoal de Marina Colasanti e Affonso Romano de Sant'Anna.

Laços de família e *A legião estrangeira*

> *Então escrever é o modo de quem tem a palavra como isca:*
> *a palavra pescando o que não é palavra. Quando essa palavra*
> *morde a isca, alguma coisa se escreveu. Uma vez que se pescou*
> *a entrelinha, podia-se com alívio jogar a palavra fora. Mas aí*
> *cessa a analogia: a não palavra, ao morder a isca, incorporou-a.*
> *O que salva então é ler "distraidamente.".*
>
> CLARICE LISPECTOR

Introdução

Leituras já existentes de Clarice

Considerando leitura não como simples correr de olhos por cima de letras, mas como sinônimo de crítica, abordagem e interpretação, assinalemos algumas leituras da obra de Clarice realizadas pela crítica, como maneira de introduzir a análise dos contos reunidos em *Laços de família* (1961) e *A legião estrangeira* (1964).[1]

---

1 Este estudo foi preparado para o Seminário Nacional de Literatura (Curitiba, dez./1972), onde diversos conferencistas apresentaram trabalhos sobre o conto no Brasil. Atualmente, está incluído em *Análise estrutural de romances brasileiros*. 2.ed. São Paulo: Editora Unesp, 2012.

O primeiro artigo relevante é de Antonio Candido em 1943.[2] Seu estudo é um ato de compreensão da jovem narradora, mostrando o espanto diante da novidade de seu estilo. Evitando a crítica de influências, coloca-a na linhagem de Mário e Oswald de Andrade, no sentido de que seu compromisso é com a linguagem, e não com a realidade empírica. Preocupa-se mais em marcar as diferenças de sua linguagem do que em estabelecer crítica a sua *performance* criadora.

O segundo crítico foi Álvaro Lins. Seus artigos lançados logo após a publicação de *Perto do coração selvagem* (1944) e *O lustre* (1946) são exemplos do tipo de crítica praticada na década de 1940. Capaz de sentir o inusitado de certos textos (Guimarães Rosa, Clarice Lispector, João Cabral), reagia com os instrumentos convencionais e impressionistas de aferição crítica. Começa atuando por contiguidade, colocando Clarice ao lado de James Joyce e Virginia Woolf, tentando assim qualificar a estranheza de seu texto. Girando em torno da obra sem descer à análise da composição, usa categorias como "imagem da vida" e "romance lírico", exigindo da história uma "imagem da vida" dentro de um dissimulado critério de verossimilhança entre a "realidade" e o texto. Ressalta as virtualidades estilísticas da autora, sua "exuberância verbal", a "inflação de adjetivos na frente e nas costas dos substantivos", "a audaciosa combinação

---

2 Candido, Antonio. *Vários escritos*. São Paulo: Duas Cidades, 1970.

de vocábulos", o "jogo imprevisto entre certas palavras", mas insiste que o romance parece inacabado ou mutilado. Diz o que outros também anotariam: "Faltam-lhe, como romance, tanto a criação de um ambiente mais definido e estruturado quanto a existência de personagens como seres vivos. Em *Perto do coração selvagem*, só uma personagem, Joana, tem uma existência real".[3]

Com instrumentos mais preciosos, a crítica de 20 anos depois retomaria os textos de Clarice. Roberto Schwarz começa por valorizar na autora a presença do "momento" em detrimento do "histórico", mostrando que aí o tempo inexiste como possibilidade de evolução. Reconhecendo os efeitos sacados pela autora, seu "anseio de escrever um livro *estrelado*", percebe claramente nos textos de Clarice aquilo que hoje se poderia chamar de narrativa de estrutura complexa. Seguindo uma linha de interpretação que não ignora as vinculações (conscientes ou não) da produção romanesca de Clarice com uma "psicologia associacionista", destacando a função dos monólogos interiores e a visão "behaviorista" que as outras personagens têm de Joana, ele conclui sua análise introduzindo uma crítica já presente em Álvaro Lins: "n'alguns pontos, a visão interior usada para mostrar Joana é usada também para mostrar

---

[3] Lins, Álvaro. *Os mortos de sobrecasaca*. Rio de Janeiro: Civilização Brasileira, 1963, p.191.

outras personagens, que se tornam então irremediavelmente semelhantes à figura principal".⁴

Identificando Clarice como autora de "romance introspectivo", Costa Lima realiza a análise de *Perto do coração selvagem*, *O lustre*, *A cidade sitiada*, *A maçã no escuro* e *Laços de família*. Reconta a matéria desses livros e faz uma leitura que procura a interioridade de cada texto. No interior de cada obra, disputa com a autora os critérios de verossimilhança que ela usa para estruturar a narração e as personagens. É uma análise interessada em ser uma crítica, uma vez que discute a pertinência ou não de sua composição. Essa crítica professa um conceito de realidade bem diverso do da autora. O crítico se dá o direito de discutir juízos teóricos e visão ideológica da realidade com a autora:

> A falha do romance de Clarice Lispector resulta de que ela não consegue assentar a sua palavra magnificamente bem traçada nesta raiz do concreto, e em seu lugar desenvolve a percepção imediata em divagações intelectualizantes, que não conseguem romper os limites da subjetividade, nem tampouco se elevar à situação filosófica.⁵

Finalmente partindo de modelos extraídos da série filosófica, a análise de Benedito Nunes assinala:

---

4 Schwarz, Roberto. *A sereia e o desconfiado*. Rio de Janeiro: Civilização Brasileira, 1965, p.41.
5 Lima, Luís Costa. "Clarice Lispector". In: *A literatura no Brasil*, Rio de Janeiro, 1970, v.V, p.461.

o desenvolvimento de certos temas importantes da ficção de Clarice Lispector [que] insere-se no contexto da filosofia da existência, formado por aquelas doutrinas que, muito embora diferindo nas suas conclusões, partem da mesma intuição kierkegaardiana do caráter pré-reflexivo, individual e dramático da "existência humana", tratando de problemas como "*a angústia, o nada, o fracasso, a linguagem, a comunicação, das consciências*, alguns dos quais a filosofia tradicional ignorou ou deixou em segundo plano.[6]

Nossa leitura prende-se, de certa forma, ao que se chama de crítica universitária e pretende ser um exercício de análise estrutural. Nos afastaremos da "leitura culta" e de "bom gosto" de Álvaro Lins em seu neo-humanismo; não tomaremos o rumo da crítica do desempenho e da competência da autora como Costa Lima e, em certo sentido, Roberto Schwarz; não nos aplicaremos numa leitura segundo modelos filosóficos de interpretação como Benedito Nunes.

Proposição

Partindo de um fato contingente, escolhemos para a análise os contos de *Laços de família* e *A legião estrangeira*. O ideal seria a análise de todos os textos de Clarice,

---

6 Nunes, Benedito. *O dorso do tigre*. São Paulo: Perspectiva, 1970, p.93.

incluindo romances e crônicas para se desentranhar com mais segurança os modelos de interpretação. O estudo dos contos, no entanto, pode resultar no conhecimento das variantes, que talvez nos levem à compreensão de como Clarice articula suas outras histórias. Acresce que trabalhar com esses contos ajuda-nos a desenvolver um tipo de análise já praticada com *Vidas secas,* de Graciliano Ramos, enquanto texto híbrido de contos-romance.

Basicamente esta leitura de Clarice desenvolverá os seguintes pontos:

a) Demonstrar que num nível sintagmático as histórias de Clarice se constroem dentro de uma linha geral que as aproxima das narrativas de estrutura simples. Destaquem-se o convencional do foco narrativo, dos cortes espaçotemporais e a permanência de três ou quatro funções em praticamente todas as 26 histórias, exceção, talvez, para "O ovo e a galinha" e "A quinta história".

b) Uma leitura paradigmática, que procure os referentes internos dessa narração, mostrará que ela se afasta do mito e da ideologia e desenvolve uma série de motivos recorrentes, que podem ser quantificados. Esses motivos informam a organização sistêmica da obra e devem ser analisados tanto em sua especificidade como nas relações que estabelecem entre si.

c) As personagens dos contos podem ser reagenciadas em conjuntos e depois perfiladas na busca de elementos invariantes que sustentam todas as histórias. Assim se observa que apresentam um relacionamento dialético sempre entre dois elementos, A e B, ou Eu e o Outro, que, localizados paradigmaticamente, descrevem um sistema de transformações que inclui a passagem pelas funções comuns à grande maioria dos contos.

d) A análise paradigmática e sintagmática e a localização dos elementos A e B ou Eu e Outro, em confronto, levam-nos a perceber que a narração em Clarice converge para a tematização da linguagem como um fenômeno de epifania. Os estudos do texto e do contexto (depoimentos da autora) confirmam em Clarice a linguagem como concreção da epifania.

Desenvolvimento

Narração

O texto de Clarice e a série social – Consideremos inicialmente como o texto de Clarice se sistematiza em relação à série social. É óbvio, mesmo numa primeira leitura, que seu universo simbólico só acidentalmente está voltado para a "realidade" tal como ela é codificada e definida pela comunidade. Seu texto desinteressa-se dos referentes externos. A geografia e a história, se referidas, o são acidentalmente. Sua literatura não é *realista*, mas *simbólica*, na medida em que o texto é o instaurador de seus próprios referentes e não se interessa em refletir o mundo exterior de um trabalho mimético.

Neste sentido, seus contos são opacos. Não transparecem a realidade real; trabalham sobre uma realidade simbólica. Seus referentes são específicos. Ao texto especular, realista e simples, Clarice prefere o texto expressionista, simbólico e complexo. O fato de seus contos serem localizados especialmente nos mais diversos bairros cariocas e ela mencionar certos locais públicos não a transforma em autora interessada na produção mimética. A localização espaçotemporal aí é totalmente aspectual, sem jamais subir à estrutura dos contos.

Fugindo (ou incapaz) de associar-se aos códigos já estabelecidos, a narradora já assinalara: "escrever é tantas vezes lembrar-se do que nunca existiu".[7] E, instada a manifestar-se sobre a chamada literatura realista e de participação, diz não saber como se aproximar de um modo "literário" da "coisa social".

> Desde que me conheço o fato social teve em mim importância maior do que qualquer outro: no Recife, os mocambos foram a primeira verdade para mim. Muito antes de sentir "arte", senti a beleza profunda da luta. Mas é que tenho um modo simplório de me aproximar do fato social: eu queria era "fazer" alguma coisa, como se escrever não

---

7 Lispector, Clarice. *A legião estrangeira*. Rio de Janeiro, Sabiá: 1964, p.143.

fosse fazer. O que não consigo é usar escrever para isso, por mais que a incapacidade me doa e me humilhe.[8]

A seguir, neste trecho, define sua escritura como um gesto de "procura" – tema que desenvolveremos adiante.

O texto de Clarice e a série literária – Uma vez considerada sua assimetria em relação à série social, resta ver seu relacionamento dentro da série literária. Os críticos e historiadores são unânimes em marcar a singularidade do estilo de Clarice, mesmo que tentem relacioná-la com outros ficcionistas chamados de "intimistas" ou "psicológicos" surgidos em nossa literatura na década de 1940. A "performance" de Clarice, para usar termo de Antonio Candido, é insólita, e ela é tão "diferente" como suas personagens. Daí que, estilisticamente, sua obra possa ser concebida como um "estranhamento" dentro do quadro de nossa ficção.

No entanto, é curioso assinalar que ela não se identifica na práxis com as correntes de vanguarda dentro da literatura. Não sendo nem vanguardista nem vanguardeira dentro do consenso ideológico-literário, ela não se exaspera ludicamente, articulando soluções ansiosamente novas para um texto concebido como invenção contínua. A explicação que se tem tentado dar a sua obra por meio de um processo de contiguidade, isto é, aproximando-a de Joyce, Faulkner e Virginia Woolf, não parece levar a uma

---

[8] Ibidem, p.149.

maior compreensão de seu texto. Evidentemente que Joyce também tematiza (principalmente em *O retrato do artista quando jovem*) a problemática da epifania.[9] Joyce recebe o termo de Tomás de Aquino, significando epifania a associação de três estados: *integritas, consonantia* e *claritas*. Irene Hendry lembra que o estado de epifania identifica-se liricamente, havendo uma fusão de Eu e o Mundo. Diz ainda que a epifania não é peculiar só a Joyce, que virtualmente todo escritor experimenta a revelação, mas a obra de Joyce caracteriza-se por ser "*a tissue of epiphanies, great and small*" [um tecido de epifanias, grandes e pequenas]. Quem no Brasil poderia melhor ser aproximado dela é Guimarães Rosa, também receptáculo de epifanias, como confessa nos quatro prefácios de *Tutameia*.[10] No entanto, diferindo de Clarice, apesar do largo espaço que cede ao tema do mistério e do inexplicável, executa um trabalho *de* linguagem *na* linguagem, levando a pesquisa vocabular e estilística a extremos pouco vistos dentro e fora de nossa literatura, enquanto Clarice, como veremos mais adiante, insiste na "naturalidade" de sua escritura.

---

9 Ver, além desse romance de Joyce, os seguintes: "Joyce's epiphanies", por Irene Hendry, em Eugène Jolas et al. *James Joyce: Two Decades of Criticism*. Nova York: Vanguard Press, 1963. Ver também: Mason, Ellsworth e Ellman, Richard (Orgs.) *The Critical Writings of James Joyce*. Nova York, Viking, 1959.

10 Esse tema pode ser desenvolvido em Guimarães Rosa principalmente em torno dos prefácios de *Tutameia* e de sua entrevista "Literatura deve ser vida", concedida a Günter Lorenz e publicada no catálogo *Exposição do novo livro alemão*, 1971.

Da mesma maneira que não basta uma leitura de Clarice que procure nela os sinais do "romance intimista" ou que queira aproximá-la das obras de vanguarda, também uma leitura interessada em fazer conferir seus textos com os princípios de uma crítica ideológica, *sub specie* filosófica, corre o perigo de reduzi-la a meia dúzia de preceitos, convertendo sua obra numa narrativa simples. Evidentemente sua obra não é uma metáfora existencialista, conquanto seja uma metáfora existencial. Conferir seus ingredientes com o receituário da série social ou da série filosófica é dar relevância aos modelos conscientes em detrimento dos modelos inconscientes de composição, que, parece, são os vigentes em sua obra.

Para um maior reforço do que estamos dizendo e esclarecimento de seu processo criador é necessário voltar sempre aos textos onde ela explicita pelo depoimento o que implicitamente já disse nas histórias. Referimo-nos principalmente aos textos reunidos em "Fundo de gaveta", parte final de *A legião estrangeira*. Aí se confirma sua fidelidade a uma voz inconsciente e aí está professada sua arte de escrever vinculada a certos processos mágicos de apreensão do mundo. O que se diz repetidamente e de maneiras várias é que escrever é uma "submissão ao processo". Exemplificando:

> o processo de escrever é todo feito de erros – a maioria essenciais –, de coragem e preguiça, desespero e esperança, de *vegetativa atenção*, de *sentimento constante* (*não pensamento*) que não conduz a nada, não

conduz a nada, e de repente aquilo que se pensou que era "nada" era o próprio assustador contato com a *tessitura de viver* e esse *instante de reconhecimento*, esse *mergulhar anônimo* na *tessitura anônima*, esse *instante de reconhecimento* (igual a uma *revelação*) precisa ser *recebido* com a maior *inocência*, com a *inocência* de que se é feito. O processo de escrever é difícil? Mas é como chamar de difícil o modo extremamente caprichoso e *natural como uma flor é feita.*

A epifania – Transcrevendo esse depoimento da autora e nos referindo aos modelos inconscientes de elaboração da narrativa estamos já tratando do ponto central deste trabalho: a escritura como epifania. E para uma maior clareza do termo vamos a sua definição.

O termo "epifania" (*epiphaneia*) pode ser compreendido num sentido místico-religioso e num sentido literário. No sentido místico-religioso, epifania é o aparecimento de uma divindade e uma manifestação espiritual – e é neste sentido que a palavra surge, descrevendo a aparição de Cristo aos gentios. Aplicado à literatura, o termo significa o relato de uma experiência que a princípio se mostra simples e rotineira, mas que acaba por mostrar toda a força de uma inusitada revelação. É a percepção de uma realidade atordoante quando os objetos mais simples, os gestos mais banais e as situações mais cotidianas comportam iluminação súbita na consciência dos figurantes, e a grandiosidade do êxtase pouco tem a ver com o elemento prosaico em que se inscreve a personagem.

Ainda mais especificamente em literatura, epifania é uma obra ou parte de uma obra onde se narra o episódio da revelação. É nesta acepção que empregamos o termo epifania ao poema de Carlos Drummond de Andrade "A máquina do mundo",[11] que não é só um poema, mas uma parte de um livro, composto de dois poemas ("A máquina do mundo" e "Relógio do Rosário") que relatam uma experiência aparentemente rotineira: o poeta andando por uma estrada de Minas num crepúsculo até que se depara com a estranha máquina ofertando-lhe todo o conhecimento da verdade e a solução dos enigmas.

Em Clarice, o sentido de epifania se perfaz em todos os níveis: a revelação é o que autenticamente se narra em seus contos e romances. Revelação a partir de experiências rotineiras: uma visita ao zoológico, a visão de um cego na rua, a relação de dois namorados ou a visão de uma barata dentro da casa. Nos romances, isto se conta com mais força e largueza, como a longa trajetória de Martim, em *A maçã no escuro,* em seu processo de "descortinar" o mundo em patamares e ir adquirindo a linguagem através dos sentidos, do pensamento, das palavras orais e escritas. A linguagem, inclusive, como uma luta contra a razão, linguagem antilógica, longe do *logo* de Aristóteles e perto do *logo* de Heráclito.

---

11 Sant'Anna, Affonso Romano de. *Drummond: o gauche no tempo*. Rio de Janeiro: Lia Editor, 1972.

Seria matéria para trabalho mais amplo e detalhado levantar a problemática da epifania na prática e na teoria do romance em Clarice. Como síntese, no entanto, não podemos deixar de mencionar o texto "A explicação inútil", que se refere à técnica que usou na composição de seus contos em *Laços de família*. Contando a gênesis de um por um, notamos as palavras-chave de todo o depoimento, expressões como "transe", "impressão", "descobri", "novelo", "falta de dificuldade", "hipnotizadas", "nascia já feita", "o conto ali me foi dado", além de observações como "e houve tudo o mais que não sei", "ainda não entendo, o professor de matemática".

Considerada a narrativa de Clarice como uma epifania, localiza-se melhor a problemática da escrita enquanto um *rito* que se cumpre como forma de "submissão ao processo". Na parte final deste trabalho, retomaremos as relações da escrita epifânica e do rito. Por hora, basta assinalar que, enquanto rito, essa narrativa epifânica se repete a si mesma, repetindo seus mesmos lugares, com a quase rigidez do rito sempre velho e novo, como a girar uma série de símbolos em torno de um mesmo eixo, enfatizando sua insuperável circularidade.

Leitura sintagmática e paradigmática – Procederemos a dois tipos de leitura desses contos. Num sentido horizontal e sintagmático, tentaremos ler quais as *funções* principais que se estabelecem nesses 26 contos de LF e LE. Num sentido vertical e paradigmático, tentaremos isolar uma série de motivos que mostram uma articulação velada das histórias. O sentido da análise decorrerá da inter-relação crítica desses dois níveis de leitura.

a) *Leitura sintagmática*. Essa leitura opera no âmbito das identidades e semelhanças segundo a linearidade da composição dos contos de Clarice. Exceção de três deles, aos quais nos referiremos adiante – os 23 outros preservam as seguintes identidades:
- *Narrador na 1ª e 3ª pessoas do singular*. O foco narrativo não traz nenhuma inovação ou ruptura violenta em relação aos métodos tradicionais de narrar. Em LF, exceção apenas de "O jantar", todos os contos são narrados na 3ª pessoa do singular. No entanto, mesmo esse conto, por ser composto de anotações de uma personagem-narrador, assume tom idêntico da narração na 3ª pessoa do singular desde que a personagem-narradora elege "o outro" como objeto de sua narração. Já em LE, sete dos treze contos estão na 1ª pessoa do singular. Acresce a essa técnica convencional o uso do estilo indireto livre e ligeiros diálogos dentro de um clima de naturalidade.
- *Ausência de cortes espaçotemporais* violentos que tornem a narrativa um jogo audacioso à cata de efeitos expressivos. Os contos transcorrem por lugares conhecidos, privilegiando os mais diversos bairros cariocas numa narração cronológica de dias e noites,

sábados e domingos, idas e vindas das personagens sem maiores sobressaltos.
- *Permanência de três ou quatro funções básicas em todos os contos,* revelando uma armadura parecida àquelas etapas dispostas por Greimas para o mito: "prova qualificante" – onde aparecem os índices do conflito e a preparação dos figurantes para desempenho; a "prova principal" – onde a personagem é testada no clímax da história; e a "prova glorificante" – que aporta o desfecho com a solução da história.
- Essas anotações seguem uma ótica crítica que busca situar as semelhanças entre os diversos contos. Elas realmente existem quando se isolam narrativas tecnicamente mais insólitas como "O ovo e a galinha" e "A quinta história". As demais seguem as observações anteriores.[12] Daí se poder chegar à seguinte formalização das unidades sintagmáticas por meio de um quadro das funções básicas:

1. Colocação da personagem numa determinada situação.
2. Preparação de um evento ou incidente discretamente pressentido.
3. Ocorrência do incidente ou evento.

---

12 Dizemos três ou quatro funções porque às vezes a "prova qualificante" é expressa justamente na formalização do "contrato" ou daquilo que chamamos colocação da personagem numa determinada situação. Quer dizer: às vezes os itens 1 e 2 de nosso esquema vêm fundidos.

4. Desfecho em que se mostra ou se considera a situação da personagem após o evento ou incidente.

Tome-se um exemplo, o conto "Amor" (LF-2).

1. *Colocação da personagem em determinada situação:* Ana sobe no bonde com um volume de compras e, enquanto o bonde corre, ela devaneia sobre sua vida.
2. *Preparação de um evento ou incidente discretamente pressentido:* ela vê um cego no ponto do bonde e se põe, absorta, a contemplá-lo até que o bonde parte subitamente, assustando-a e derrubando suas compras. A narradora indicia: "o mal estava feito"; a personagem percebe um certo desequilíbrio entre ela e o mundo, vê coisas que não via antes, e a palavra "crise" explica o novo estado da criatura.
3. *Ocorrência do incidente ou evento:* atordoada com a imagem do cego, ela entra no Jardim Botânico, onde, em contato com animais e coisas, descobre um mundo antes imperceptível. Ocorre-lhe a "náusea". Repensa, enquanto vê o mundo, a cegueira do cego. Dá-se a epifania e sua consciência se abre para outra realidade.
4. *Desfecho em que se mostra ou se considera a situação da personagem após o evento ou incidente:* terminada a experiência iniciada através de um gesto rotineiro, retorna à casa e a visão do cego e do jardim vai se diluindo: "acabara-se a *vertigem* da bondade. E, se atravessara o *amor* e o seu *inferno*, penteava-se agora diante do espelho, por um instante *sem nenhum*

mundo no coração. Antes de *se deitar*, como se *apagasse uma vela*, soprou a pequena *flama do dia*".

Como dissemos, essas funções permanecem praticamente em todos os contos. Insistir em sua aplicação como esquema da análise nos levaria ao exercício das identidades, fazendo-nos esquecer as possíveis diferenças existentes entre os contos. Mas as exceções não podem ser esquecidas, não só porque valorizam a regra, mas porque dão um sentido maior ao conjunto da produção da contista. É nesse sentido que merecem citação à parte "O ovo e a galinha", "A quinta história" e "A repartição dos pães". A rigor, "O ovo e a galinha" e "A repartição dos pães" situam-se numa fronteira intermediária entre o que se convencionou chamar conto e crônica, e "A quinta história" é um evidente trabalho sobre as variantes de uma mesma história. Esses textos não querem ser contos ou não se esforçam para tal. Mostram a criatividade solta e descompromissada da autora. Em "O ovo e a galinha", por exemplo, aquilo que Greimas chamara de "actantes" atinge o máximo da abstração, pois o que há é uma enovelada peroração sobre a função que une dois elementos (A e B) sob o nome de ovo/galinha. Esses textos, dada a sua singularidade, mereciam análise à parte.

b) *Leitura paradigmática*. Trata-se de ler num sentido verticalizante uma série de elementos simbólicos que a autora inscreve recorrentemente em suas histórias e que poderiam ser considerados em duas perspectivas: primeiro, marcando-se a semelhança e a diferença de seu emprego em relação a outros escritores, e, em segundo lugar, mostrando como eles se articulam sistemicamente e ganham seu sentido no modo como se arranjam no interior de sua narrativa.

Efetivamente, o levantamento dos motivos recorrentes selecionando os dez mais usados são, em nosso entender, os mais significativos para o estudo da narrativa de Clarice como linguagem e epifania. No entanto, a diferença entre os dois prosadores é que Graciliano trabalha muito mais no nível do consciente, enquanto Clarice desenvolve uma escritura centrada no inconsciente. Isto acarreta uma maior ordenação dos motivos por parte de Graciliano. Mesmo assim, esses motivos fluem e refluem recorrentemente, fornecendo material para uma análise da camada simbólica da narrativa.

Os dez motivos recorrentes mais usados e significativos para a compreensão dos problemas da escritura enquanto epifania em Clarice são:

1. espelho
2. olhos
3. bichos
4. linguagem
5. família
6. objeto
7. jogo / rito
8. pai
9. eu × outro
10. epifania

Os outros motivos certamente existem e podem (e devem) ser localizados por outros analistas. Por exemplo: *o silêncio e a fala, o mistério e o inexplicável, o menino sábio* (este um motivo já apontado por Curtius), *a maçã, a montanha, amor e ódio, perda e ganho*. Alguns desses serão referidos no decorrer desta análise, outros, conquanto localizáveis, perdem-se devido ao caráter assistemático como surgem.

Num quadro da frequência dos motivos, assinalando a presença deles em cada um dos 26 contos de LF e LE, teríamos:

	1. espelho	2. olhos	3. animal	4. linguagem	5. família	6. eu × outro	7. objeto	8. epifania	9. pai	10. jogo / rito
	LAÇOS DE FAMÍLIA									
1	•	•	•		•	•	•			
2	•	•	•		•	•	•	•	•	•
3			•		•	•	•			
4	•	•	•		•	•	•			
5			•		•	•	•			
6	•		•		•	•	•			
7	•	•								
8	•	•	•		•	•	•	•	•	•
9		•			•	•	•	•		
10	•				•	•	•			•
11			•					•		•
12		•	•			•			•	
13		•	•			•	•	•	•	•
T	7	8	11	0	9	11	11	5	4	5

DE AFFONSO PARA CLARICE

	1. espelho	2. olhos	3. animal	4. linguagem	5. família	6. eu x outro	7. objeto	8. epifania	9. pai	10. jogo / rito
				A LEGIÃO ESTRANGEIRA						
1	♦	♦	♦	♦		♦		♦	♦	♦
2			♦			♦		♦	♦	♦
3		♦	♦	♦		♦	♦	♦	♦	♦
4			♦		♦	♦				
5		♦	♦			♦		♦		♦
6			♦			♦				
7			♦		♦	♦				
8			♦			♦	♦			
9				♦		♦	♦	♦	♦	
10			♦	♦		♦				
11						♦				
12				♦	♦	♦				♦
13			♦		♦	♦		♦		
T	1	3	10	4	5	13	3	6	4	5
TG	8	11	21	4	14	24	14	11	8	10

Um estudo detalhado desses motivos deve ultrapassar essa quantificação exposta no quadro. Aí se fixa a presença ou não do motivo, mas não há como indicar a força com que é empregado em cada conto. Essa anotação quantitativa é apenas introdutória à interpretação qualitativa dos contos. Por aí se percebe a rede dos motivos e sua frequência, mas o sentido e a força devem ser estabelecidos numa análise alongada.

Como introdução apenas a esse tipo de análise, daremos algumas características mínimas de cada motivo. Cada um mereceria desdobramento pormenorizado. Dada a natureza deste trabalho, no entanto, nos limitamos a essas indicações introdutórias.

1. *Espelho*. Não é usado simbolizando a passagem do tempo nem marcando simplesmente os reflexos narcisistas da personalidade, como poderia indicar uma estilística inspirada em Bachelard. Apesar de aparecer com certa frequência, principalmente em LF, o espelho é um objeto que ganha mais sentido quando correlacionado com outros tópicos através de um sistema da contiguidade: os olhos, os animais, Eu × Outro.
2. *Olhos*. Motivo articulador de pelo menos 11 dos 26 contos, abre-se por um campo semântico, definido recorrentemente por termos como: cegueira, óculos, estrabismo, miopia. É um cego que desencadeia a epifania em Ana (LF-2). O cego/cegueira volta nos contos LE-1, LE-3 e LE-9 como personagem e metáfora. O conto "O búfalo" (LF-13) é todo montado no relacionamento da mulher com os animais através dos olhos. Os olhos aí vazam amor e ódio. Em "Evolução de uma miopia" (LE-9) o motivo se distende para ilustrar o conflito entre o racional/irracional ou a inteligência apenas exercida através de lentes. A personagem cresce para assumir sua cegueira, para a partir daí ver alguma coisa no mundo: "foi como se a miopia passasse e ele visse claramente o mundo".
3. *Bichos*. São a denominação genérica para toda sorte de insetos, aves e animais que infestam sua simbologia. A barata – mais largamente usada em *A paixão segundo G.H.* –, a

galinha sacrificada, o pinto assassinado, o cão imaginário, o elefante, borboleta, lagosta, escorpiões, besouros, gato, rato, cavalo, enfim, toda uma fauna mágica que, às vezes, ocupa um largo espaço da narrativa, como na descrição do zoológico em LF-13. "Parece-me que sinto os bichos uma das coisas ainda mais próximas de Deus, material que não inventou a si mesmo, coisa ainda quente do próprio nascimento". A identidade entre homem e animal, como variante do dualismo Eu × Outro, aparece implícita e explicitamente em praticamente todos os seus trabalhos, até mesmo naqueles onde ela não se refere diretamente aos bichos. Pois sobre "A menor mulher do mundo" (LF-9) ela diz: "creio que também este conto vem de meu amor por bichos".

4. *Linguagem*. A linguagem é referida implícita e explicitamente. Implicitamente, vai se vincular à problemática da epifania e surge como decorrência da "procura" e do "encontro" do Eu e do Mundo. Em contos como "Mensagem" (LF-3) realiza um trabalho *de* linguagem *na* linguagem, isolando certas palavras com aspas e grifo. Em torno desses termos se monta a narrativa. O envolvimento da personagem com a linguagem expressa um ritual presente em seus romances. *A maçã no escuro* parece ser o melhor exemplo disso. Alguns vocábulos servem de eixo e têm um sentido específico no léxico de Clarice. Fora isso, seria de se estudar também a utilização ou aproximação de sua linguagem da linguagem bíblica e cabalística e a maneira de tirar daí alguns dos *topos* de sua composição. Esse aspecto – a linguagem –, para ser mais

bem tratado, teria que ser vinculado aos textos-depoimentos da romancista, reunidos, por exemplo, em "Fundo de gaveta".
5. *Família*. É bem apropriado o título – *Laços de família*. Aí pelo menos nove dos treze contos centram-se em personagens no ambiente familiar. Mas a família em Clarice não é pretexto para análise de relações psicológicas entre pai-mãe-filho ou para conclusões sociológicas e discussão dos costumes. Ela surpreende o trivial, o corriqueiro da situação familiar e espreita atrás do cotidiano o advento de uma epifania qualquer.
6. *Objeto*. Uma insistente dialética de sujeitos e objetos se monta em todas as suas narrativas, ora o sujeito vertido, ora o objeto convertido em sujeito. Essa identidade é parte da ocorrência epifânica quando o indivíduo se põe ao nível das coisas, animais e dos outros homens. Animais e plantas se antropomorfizam num relacionamento em que os elementos perdem suas características minerais e vegetais e se convertem num outro Eu e num outro Tu. Exemplo é "O ovo e a galinha", onde se anula a ideia de precedência de um elemento sobre outro e se confirma a presença do "processo" que ultrapassa todos os elementos. Nesses tópicos se deveria estudar também um recurso formal presente em diversos contos, que é a referência a objetos recorrentemente. Em LF-1, refere-se várias vezes ao "chapéu da mulher"; em LF-2, ao saco de compras; em LF-3, ao copo de leite e ao vestido marrom; em LF-8, ao ônibus; em LF-9, ao chapéu; em LF-13, ao casaco marrom. Em LF-2, o objeto é a mesa; em LF-3, casa; em LE-8, o chocolate. Se esses obje-

tos são citados várias vezes dentro de cada conto, outros são citados ao longo de vários contos, como é o caso dos óculos. Poder-se-ia fazer um estudo da presença e significado desses objetos, agrupando-os segundo certas características sêmicas e assinalando-se, sobretudo, o efeito formal que aí se obtém por meio da repetição.[13]

7. *Jogo/rito*. Esse aspecto vem ligado também a outros e vai ter seu sentido completado quando vinculado à epifania. Os limites entre o jogo e o rito são tênues. Esse jogo/rito que envolve as personagens surge como uma atividade involuntária, como realização daquilo que a ficcionista chama de "processo". O jogo aí é elemento interior ao rito. Toda a ação se manifesta como um ritual que comporta jogos curtos. No ritual, o resultado é sempre previsível, com poucas variações. O aleatório existe, mas não disturba as regras básicas da composição. Aí estão: a tensão, a sensação de liberdade, a evasão da vida real, a representação – e uma série de outras características que Huizinga[14] aponta na natureza e significado do jogo. A relação entre Sofia e o professor (LE-1) é entrevista como algo lúdico, pois ela desenvolve "o jogo de torná-lo infeliz". Em LE-9, a relação entre o menino e a prima é indiciada pelo "tabuleiro de damas" e pela "quadrilha de danças". Fora

---

13 Indicamos aqui nesta análise alguns rumos para o estudo do tópico "repetição". Seria interessante ver *Contribuições para uma estilística da repetição*, de Maria Helena Novais Paiva, Lisboa, 1961. *Drummond: a estilística da repetição*, de Gilberto Mendonça Teles, Rio de Janeiro, José Olympio, 1971.
14 Huizinga, Johan. *Homo Ludens*. São Paulo: Perspectiva, 1971.

essa referência direta ao jogo, a ludicidade manifesta-se na narrativa, em geral, no ritual que o Eu e o Outro estabelecem sob disfarces vários, que não esconde a bipolaridade e a transcorrência de uma partida, que passa pelos estágios que apontamos na leitura sintagmática. Esse jogo em Clarice não vem revestido de fanfarras e formas exteriores dinâmicas. Às vezes, o jogo paira sobre o "nada" e é o "nada" que se atinge no paroxismo do rito. O nada como a outra face do "tudo", complementando a epifania e a visão das coisas.

8. *O Pai*. Muitas vezes referido sob o nome de Pai mesmo, outro de Mãe, Deus, "o par mais velho" ou outros, permanece essa imagem subjacente, que Clarice já invocara claramente no final de *A maçã no escuro*, num insólito diálogo entre pai e filho, num plano totalmente simbólico. Variante dessa imagem é muitas vezes "o professor", presente em cinco desses contos (LF-8, 10 e 12 e LE-1 e 3) e marcadamente em romances como *Uma aprendizagem* e *Perto do coração selvagem*, além de *A maçã no escuro*.[15]

9. *Eu × Outro*. Em pelo menos 24 dos 26 contos, tematiza-se o conflito entre duas figuras ou dois elementos, sendo que em alguns os termos "eu" e "outro" vêm destacados em grifo ou aspas. Exemplo disso está em LF-11 e LE-1, 3, 12 e 13. Dois contos que se opõem inversamente em

---

15 Em *A maçã no escuro*, o professor surge como o indivíduo que já sabe todas as respostas. Saber tudo impossibilita-o de escrever um livro, porque a escrita é uma descoberta contínua e ele, justamente porque tem as chaves nas mãos, não se interessa por (não pode) abrir as portas.

sua feitura podem ser vistos mais de perto sob este aspecto: "A mensagem" (LE-3) e "Os obedientes" (LE-12). Em "A mensagem" (LE-3), trabalhando sobre a linguagem, a narradora contraponteia um rapaz e uma moça que se articulam por um código especial. Classificam o mundo e a si mesmos por meio de palavras comuns, a que dão um sentido especial: "coincidência", "evoluindo", "superei", "autênticos", "verdade", "normalidade", "mensagem", "poesia" etc. Numa primeira fase, rapaz e moça se consideram diferentes dos "outros". Tanto se identificam entre si que são sexualmente chamados de "híbridos". Depois que lhes ocorre a epifania – ladeados por um ônibus que avança, uma fachada de casa e um cemitério –, descobrem a artificialidade de sua constituição. O resto do conto é o desmonte das personagens, fazendo-os perceber melhor o seu próprio mundo e o mundo dos "outros", até que, aproximando-se dos animais, atingem o máximo de desamparo. A moça é vista sob a forma de um macaco de saias e o rapaz, desnorteado pela revelação, acaba aclamando por "mamãe". Em "Os obedientes" (LE-12), utiliza-se o mesmo esquema atual (A interagindo com B), mas segue-se caminho inverso. O casal, que antes identificava-se com a "normalidade", avesso à palavra "essencial", atinge a "idade crítica". Até então "a simetria lhes era a arte possível". O resto da narrativa mostra como "a mulher, tendo dado uma mordida numa *maçã*, sentiu quebrar-se um dente da frente". Rapidamente descreve como os dois sucumbem tragicamente ao passo do desequilíbrio descoberto.

10. *Epifania*. Como o dissemos anteriormente, este termo tem aplicação específica dentro da literatura. Em Clarice, a palavra epifania não aparece, mas toda a atmosfera se circunscreve por outros vocábulos e pelo ritual da própria escrita. Vocábulos surgem explicitando o campo semântico da revelação: "crise", "náusea", "inferno", "mensagem", "assassinato", "cólera" e "crime" são termos referenciadores da epifania. Se em alguns contos as personagens mal conseguem romper a pele do cotidiano e vislumbrar uma revelação qualquer, em outros o fato se dá com bastante clareza. É todo um jogo de equilíbrio e desequilíbrio entre um antes e um depois, marcando a submissão a um processo que ultrapasse os actantes. Esse tópico sintetiza todos os demais. O movimento que articula esses motivos recorrentes se torna mais claro quando passamos do nível das personagens e descobrimos que a recorrência é um processo que a narradora usa para fixar seu universo simbólico. Na análise desse efeito e na confirmação de sua técnica, vejamos como isso se cumpre no nível seguinte.

Personagens

Conjuntos de personagens

Até agora em nossa análise percorremos as seguintes etapas: a) consideração das leituras mais significativas de

Clarice por parte da crítica; b) proposição de quatro itens principais para análise; c) consideração da especificidade da narração de Clarice e o sentido da epifania; d) leitura sintagmática/horizontal das principais funções dos contos no polo das identidades; e) consideração das diferenças, investigando na cadeia paradigmática os motivos recorrentes que se aglutinam solidariamente.

No nível das personagens, deve-se acentuar inicialmente que a personagem aqui não é "persona" no sentido tradicional. Se fosse essa a direção de nossa análise, estaríamos lidando com modelos psicológicos e psicanalíticos, procurando sondar os "interiores" e a "profundidade" do pensar e sentir das personagens dessas histórias.

Para efeito de análise, as personagens aqui acham-se convertidas em elementos que interagem dentro de uma estrutura configurada pela narração de Clarice. Tome-se "O ovo e a galinha" como exemplo bem-acabado dessa observação. Despersonificados, esses elementos dizem mais amplamente do modo como a simbologia desenha seu *espectrum*. E a maneira mais eficiente de localizar o sentido da articulação desses tipos é agrupá-los segundo suas identidades, em conjuntos que se definem a si mesmos na medida em que exigem propriedades semelhantes. Estudar, portanto, as personagens aqui não é tomar Joana, Alice e Almira, Sofia ou Catarina e conjecturar sobre suas motivações psicológicas ou seus pensamentos em determinadas situações. Este estudo consiste em ver além dos nomes as similitudes dos elementos. Se estivéssemos a analisar Guimarães Rosa, certamente os nomes implicariam um sentido e diriam algo especificamente sobre a natureza das personagens. Nele, a personagem, desde o nome, tem sua genealogia e estrutura determinadas. Em Clarice, o sentido onomástico, se existe,[16] não é sistemático. Por isso, há que ver por detrás de todos os nomes das personagens outros traços que as agrupem e deem sentido ao seu desempenho.

A primeira observação sobre as personagens dessas histórias é a predominância quase que absoluta de tipos femininos. Em LF, tirante "O crime do professor de matemática", que tem obviamente a figura do professor em primeiro plano, e o garoto de "Começos de uma fortuna", todos os demais contos giram em torno de figuras femininas. Em LE, a situação pouco se altera: a única história que só tem personagens masculinas é "Uma amizade sincera" (LE-11); nas demais a mulher, quando não está sozinha, confronta-se com uma criança ou um homem. Com essa preponderante quantidade de elementos femininos, não parece haver, se analisarmos as histórias, nenhum interesse

---

16 Sobre esse assunto, além dos estudos críticos já realizados, ver as cartas de Rosa para o tradutor italiano. Aí ele explica a constituição onomástica de muitas personagens. Já em Clarice o trabalho não é sistemático. Levantando, no entanto, a eventual ênfase entre o nome e a personagem, veja-se o estudo de Amariles Hill, "A construção do nome". In: *Cadernos da PUC*, n. 6, 1971.

da autora em estabelecer díades entre homem/mulher, parecendo que as diferenças sexuais pouco sentido têm, uma vez que prevalece mais a alteridade sempre entre dois elementos, sejam quais forem: homem/mulher, mulher/animal, criança/criança, mulher/criança, homem/criança etc.

Melhor seria talvez tentar a compreensão do sistema conformador das personagens, agrupando-as segundo outras características. Façamos outra tentativa: ver indistintamente que tipos mais se repetem nas histórias. Teríamos seis grupos de personagens:

1. professor
2. meninos-adolescentes
3. velhos
4. casais
5. dupla de amigos
6. homem / animal

Fazendo uma investida para configurar esses conjuntos, assim teríamos:

1. *Professor*. "Preciosidade" (LF-8), "Começos de uma fortuna" (LF-10) e principalmente "O crime do professor de matemática" (LE-1). Essa figura oscila entre dois significados: ora é o indivíduo experimentado, hábil no jogo da vida e dos sentimentos, guiando "o outro" (LE-1), ora é refúgio da racionalidade, um representante do raciocínio lógico e matemático. Seja, no entanto, diante de Sofia ou de outros alunos, seja diante do cão, o que se estabelece é um contra-

ponto entre o Eu e o Outro, em que professor tanto pode ser o Eu quanto o Outro.
2. *Meninos-adolescentes*. São os tipos mais comuns depois das mulheres. Aí estão, desafiadores, confrontando-se com os adultos. Veja-se Sofia diante do professor (LE-1), o menino Artur diante da família e da escola (LF-8), a moça e sua visão fantástica dos mascarados no jardim (LF-11), o confronto entre o menino e a prima (LE-9) e a tensão entre a menina Ofélia e a vizinha por causa do pintinho (LE-13).
3. *Velhos*. Significando sempre os excluídos da comunidade e surgindo manipulados pelos jovens, enfrentam os outros com seu olhar já internado lá em outra realidade. Veja-se a velha que tem seu aniversário comemorado por todos os familiares (LF-5), o velho que é vigiado e analisado pela jovem enquanto janta (LF-7) e a velhinha que é levada de casa em casa como indesejável até morrer debaixo de uma árvore em Petrópolis (LE-7).
4. *Casais*. Construídos numa relação medial entre o Eu e o Outro, os casais se espelham em si mesmo na busca de identidade e identificação. A portuguesa em devaneios no fim de semana rodeada do marido e de um casal amigo (LF-1), o regresso de Ana à casa e ao marido depois da visão epifânica no Jardim Botânico (LF-2), o rapaz e a moça que queriam ser escritores e tanto se confundem que chegam a ser um par híbrido (LE-3) e, enfim, o casal obediente que sente a desintegração de sua vida simétrica quando perdem o ponto comum de referência (LE-12).

5. *Duplas de amigos*. Repete-se aqui o esquema do Eu e do Outro entre os casais. Veja-se o relacionamento entre Laura e Carlota através das rosas (LF-4), o explorador e a menor mulher do mundo (LF-6), a filha que conduz a mãe à estação (LF-9), a relação agressiva de Altamira e Alice, que acaba em crime e prisão (LE-8), e os dois amigos que se esforçam por manter uma amizade insustentável (LE-11).
6. *Homem/animal*. Um e outro se complementando e servindo de se espelhar e de se identificar, aí estão o homem e o animal se completando. Toda a família se movimenta em torno da galinha que acaba sacrificada (LF-3); o professor de matemática enterrando a imagem de seu cão (LF-12), a mulher no zoológico procurando identidades (LF-13), a menina ruiva e o *basset* também ruivo (LE-6), a mulher e seu envolvimento mortal com as baratas (LE-10), além de muitos outros trechos e contos que se referem ora ao pinto, ora ao ovo e ora à própria galinha.

Esses agrupamentos são provisórios, mas já abrem espaço para uma formalização maior do raciocínio. Já nesses grupos heterogêneos sumariamente descritos percebe-se a solidariedade entre dois elementos. Esses seis contos mostram a invariância de uma dualidade (Eu e Outro) sob disfarces vários. Procurando estabelecer um paradigma através de elementos aparentemente distintos, obteríamos os seguintes pares em oposição dentro da situação dos contos:

LAÇOS DE FAMÍLIA		A LEGIÃO ESTRANGEIRA	
1. Rapariga × mulher do chapéu	(-)	1. Sofia × professor	(+)
2. Ana × cego	(+)	2. Nós × mesa	(-)
3. Galinha × família	(-)	3. Rapaz × moça	(+)
4. Laura × Carlota	(+)	4. Mãe × menino	(-)
5. Velha × familiares	(+)	5. Ovo × galinha	(+)
6. Explorador × menor		6. Menina × *basset*	(+)
mulher do mundo	(+)	7. Velha × outros	(+)
7. Moça × velho	(+)	8. Altamira × Alice	(+)
8. Menina × assaltante	(+)	9. Menino × prima	(+)
9. Catarina × mãe	(+)	10. Mulher × baratas	(+)
10. Menina × outros	(-)	11. Amigo × amigo	(+)
11. Menina × mascarados	(+)	12. Marido × mulher	(+)
12. Professor × cão	(+)	13. Mulher × Ofélia	(+)
13. Mulher × búfalo	(+)		

Essas oposições não têm a mesma força em todos os contos. Há as oposições fortes (+) e as oposições fracas (-). As fortes seriam aquelas mantidas através de todo o conto pelo confronto entre dois elementos permanentes, funcionando como eixo da narrativa; as fracas seriam oposições eventuais, ou então em relação vaga a todo um conjunto de outras personagens.

Perfilando esses elementos aos pares estamos dando maior rigor às anotações anteriores e marcando a rigidez da construção das histórias e as invariâncias. Essa operação verticalizante deve ser parte de outra anotação no nível da horizontalidade. Ou seja: a conversão de todos esses elementos em dois elementos simbólicos, A × B ou Eu × Outro, deve vir articulada à leitura anterior já feita no plano sintagmático. Esses pares em alteridade não se acham estaticamente dispostos, eles têm uma trajetória que coincide com as funções que estabelecemos anteriormente. São dois movimentos que se complementam. Tome-se como exemplo o próprio conto "Amor" (LF-2), já considerado anteriormente.

Num primeiro lance (colocação da personagem numa determinada situação), o Eu achava-se pervagando entre memórias e conjeturas amenas, pois o Outro, sob a forma do cego, ainda não despontou. Numa segunda etapa (preparação de um evento ou incidente discretamente pressentido), o Outro surge como potencial de ameaça, mas já "o mal estava feito", e ela não pode mais descartar-se de seu par. Sucede a terceira fase, ocorrência do incidente ou evento em que, arremessada num novo mundo de formas e forças primitivas, ela expõe-se à epifania. Ocorre-lhe a "náusea" do mundo, sente um fascínio pelo próprio nojo e pelo mundo "sujo" que acaba de vislumbrar. Graças ao cego, agora sofre o transe de ver as coisas e seres. Na fase final (desfecho em que se mostra ou se considera a situação da personagem após o evento ou incidente) ela retorna de sua "vertigem", afastando-se do "perigo de viver".

O ponto de maior intensidade entre o Eu e o Outro situa-se no terceiro estágio, em que ocorre a epifania – certo momento necessário e insustentável de tensão. Depois do evento a personagem ou se deixa definitivamente perturbada ou regressa ao repouso inicial. Mas continuará para sempre "ferida nos olhos".

Lingua(gem)

A crítica logo que leu o primeiro romance de Clarice Lispector (1944) foi unânime em ressaltar a novidade de seu "estilo". Daí para frente tem se preservado esse espanto e se tem prometido um estudo dessa língua tão individualizada. Importante, além disso, é observar que o "estilo" ou modo de Clarice escrever permanece quase inalterado nesses trinta anos. Rigorosamente, todos os efeitos frásicos que conseguiu em *Perto do coração selvagem* repetem-se insistentemente nos demais romances e nos contos. Essa escrita que se repete faz da repetição seu modo de construção. Repete-se circularmente num exercício de modelos inconscientes dos quais a autora não se desgarra, antes, cultiva insistentemente, tanto mais professa a ideia de que escrever é *procurar*: "esse modo, esse 'estilo' (!), já foi chamado de várias coisas, mas não do que realmente e apenas é: uma procura humilde. Nunca tive um só problema de expressão, meu problema é muito mais grave: é o de concepção" (p.114).

O giro desse novelo narrativo sobre seus fusos, essa procura do tecido e da tela, faria da repetição seu recursos natural: "a repetição me é agradável, e repetição acontecendo no mesmo lugar termina cavando pouco a pouco, cantilena enjoada diz alguma coisa" (p.175). E essa recorrência se dá, pelo menos, em dois níveis: no nível estilístico propriamente dito, pela utilização de anáfora, e no nível simbólico, reempregando as mesmas imagens convertidas em motivos recorrentes.

Nestes contos, tomem-se dois exemplos. Primeiramente "O ovo e a galinha". Desenrola-se aí toda uma cartilha de alterações onde as palavras se repetem exaustivamente, porque é uma sensação-ideia que ela exaustivamente "procura". "Só vê o ovo quem já o tiver visto. Ao ver o ovo é tarde demais: ovo visto, ovo perdido. Ver o ovo é a promessa de um dia chegar a ver o ovo" (p.55). E assim vai se compondo a história dentro da história, a palavra dentro da palavra, exatamente como aquela caixa chinesa que contivesse outra caixa, que contivesse outra caixa etc.

Se uma história se repete na outra, se a invariância permanece, as histórias não são mais que uma só história que se procura a si mesma desesperadamente como aquela "Quinta história" interminável. Interminável porque "Esta história poderia chamar-se 'As estátuas'. Outro nome possível é 'O assassinato'. E também 'Como matar baratas'. Farei então pelo menos três histórias, verdadeiras porque nenhuma delas mente a outra. Embora uma única, seriam mil e uma, se mil e uma noites me dessem" (p.91). Como uma Scheherazade a fazer e refazer o novelo da narração, a retomar seus motivos recorrentemente. "A quinta história" é a narração de pelo menos seis histórias, mais, portanto, do que sugere o título. Aí estão indicadas as cinco histórias, mais a história de como as cinco se contam. É a narração se curvando sobre si mesma.

Já diante de um tema único para desenvolver, Sofia (LE-1) percebe a multiplicidade de histórias dentro da história: "Meu enleio vem de que um tapete é feito de tantos fios que não posso me resignar a seguir um fio só: meu enredamento vem de que uma história é feita de muitas histórias" (p.11).

A repetição em Clarice está presa a um processo instintivo e irracional de firmar a "procura". Por isso, merece atenção a distinção que ela faz entre "expressão" e "concepção", adiantando que a expressão enquanto rebuscamento formal não lhe interessa. Interessa-lhe, isto sim, a concepção geral, a grande gênese, a pesquisa interior e surda efetivada por radares nada racionais e inteligentes. Por isso é que a constituição da frase em Clarice tem que ser estudada a partir da compreensão geral da estrutura de sua ficção. Sem essa visão de conjunto, de "concepção", como diz, há o perigo de se fixar restrito ao elemento pequeno da frase, sem subir ao plano geral de elaboração da obra.

É importante para encaminhar esse aspecto reler a série de observações que faz nos contos e romances e nos seus depoimentos sobre o lugar que a inteligência ocupa na elaboração de sua obra. Não é simplesmente para escandalizar que ela diz que "escrevo pela incapacidade de entender, sem ser através do processo de escrever [...] Minhas intuições se tornam mais claras ao esforço de transpô-las em palavras. É nesse sentido, pois, que escrever me é uma necessidade" (p.145). Ainda que soe um paradoxo, portanto, a escrita inteligente de Clarice não é, em absoluto, inteligente, é o avesso da não inteligência das coisas: "para compreender minha não inteligência fui obrigada a me tornar inteligente" (p.142).

Não estranha que a frase em Clarice, tão inteligente como soa, seja na verdade ininteligível diante das medidas convencionais da inteligência. Já em seu primeiro romance podia haver frases assim: "O pai morrera como o mar era fundo" – quebrando o convencional da lógica, subtraindo um elemento intermediário no pensamento. Daí o inusitado de sua construção. Inusitado, no entanto, apenas no sentido imagético e semântico, não na sintaxe. É esse mesmo recurso do absurdo aparente empregado reincidentemente em todos os seus romances. *A maçã no escuro* possui uma frase que fora do contexto de Clarice soaria totalmente *nonsense*: "O melhor momento de minha vida foi quando as tropas de Napoleão entraram em Paris" (p.131). Como essa, muitas outras frases tocam o leitor por meios transversos e esguios. Qual, por exemplo, o sentido desta expressão em "Os desastres de Sofia" (LE-1)? "[...] amava-o como uma criança que tenta desastradamente proteger um adulto, *com a cólera de quem ainda não foi covarde* e vê um homem forte de ombros tão curvos" (p.10). Os termos cólera/covarde e a comparação parecem em sintonia aleatória, constituindo insólita abstração.

A presença de inúmeros absurdos, paradoxos e abstrações inusitadas confirma em Clarice a impossibilidade de se medir sua frase pela lógica comum, pela gramática do dia a dia, pela semântica da simplicidade. Por isso que, estranhamente, o sentido de suas frases não está isolado nelas, mas desce da "concepção" geral, forjando a "expressão". Talvez isso fosse o mesmo que dizer que nela a ficção baixa do geral para o particular, e nunca do particular para o geral. É o grande plano que ainda domina. Sua leitura mais aproximada deve captar os elos que faltam no plano do enunciado. Assim como a personagem Martim e muitos outros, que chegam à epifania passando por cima de vazios, a romancista que dissera "explicando como é que um pé segue o outro ninguém reconhece o andar" (*A maçã no escuro*, p.153) é a mesma que diz: "mas já que se há de escrever, que ao menos não se esmaguem com palavras as entrelinhas como o vazio que a razão não pode preencher e que, no entanto, deve ser captado de algum modo". A palavra cheia contra o nada. Escrever como uma maneira ruidosa de captar o silêncio:

Então escrever é o modo de quem tem a palavra como isca: a palavra pescando o que não é palavra. Quando essa não palavra morde a isca, alguma coisa se escreveu. Uma vez que se pescou a entrelinha, podia-se com alívio jogar a palavra fora. Mas aí cessa a analogia: a não palavra, ao morder a isca, incorporou-a. O que salva então é ler "distraidamente". (*A legião estrangeira*, p.143)

O texto de Clarice repõe um problema para a crítica enquanto fazer racionalizante. Implícita e explicitamente, na ficção e nos depoimentos ela afirma a supremacia de um "processo" que nos ultrapassa a todos: "Quem sabe se o nosso objetivo estava em sermos o processo. O absurdo dessa verdade então o envolveu. E se assim for, oh! Deus – a grande resignação que se precisa ter em aceitar que nossa beleza maior nos escape, se nós formos apenas o processo" (*A maçã no escuro*, p.193). Assim posto, a personagem é transpassada por um sentido além e aquém dela, o qual nunca compreende por inteiro, apenas por reflexo platônico – como no mito das sombras da caverna. A posição da personagem é, então, essencialmente simbolista, no sentido de que ela apenas se aproxima de uma verdade, sempre ausente e intangível. Nessa situação ela apenas "alude" a verdade: "seria essa nossa máxima concretização: tentar aludir ao que em silêncio sabemos?" (idem, p.192).

A narrativa seria essa constante alusão, esse reflexo de uma verdade impossível de ser configurada, não obstante insistentemente projetada aos olhos ávidos de uma visão epifânica. A epifania mostra-se, então, como o momento de exceção por meio do qual o indivíduo tem uma noção do que poderia ver e ter semelhante à posição do próprio narrador diante da coisa que narra, ou do narrador diante da linguagem. A linguagem alude, é a possibilidade do impossível, o êxito do fracasso, a tentativa de fala diante do silêncio. Quando a epifania não ocorre, o silêncio cobre a personagem, ela não atinge a linguagem. Perseguindo a linguagem, o narrador pode chegar a entender alguma coisa, compreender não inteligentemente, procurar, pescar nas entrelinhas, apanhar o elo que falta, aludir àquilo que, todavia ausente, no entanto, rebrilha na letra.

Sintetizando, se poderia pôr: não epifania = silêncio. A curva que a maioria das personagens traça é essa inclusão e exclusão da epifania, a lembrança de um certo momento atingido ou por atingir. E assim a obra vai se formando de momentos epifânicos, transformando-se ela mesma na materialização da epifania – em – processo apesar dos elos vazios que (também) compõem o todo.

A crítica tem diante de si a tarefa de ler tanto a linha quanto a "entrelinha", na medida em que pretende compreender a obra sintagmática e paradigmaticamente, resultando desse eixo modelos de apreensão de sua estrutura. À simplicidade da sintaxe parece ajuntar-se a complexidade da semântica de Clarice. Sua sintaxe parece estar do lado sintagmático e da simplicidade e nesta ficção a semântica perfila-se com o paradigmático e com a complexidade. Considere-se, portanto, a necessidade de se pesquisar o léxico sistêmico e fundamental de Clarice, uma vez que as palavras aqui têm um sentido específico. Assim como o rapaz e a moça de "A mensagem" constituíram uma senha especial para se comunicarem, em oposição ao código vigente, também a narradora refaz o sentido de certas palavras ordinárias da língua, já insinuando seu sentido com aspas e grifos. A "mensagem" pode ser localizada ainda que no seu sentido inverso, decorrendo o sentido do contrário da lógica do cotidiano, como nesses contos, onde ela constrói "contrariando o sentido real da história" (p.17). Em suas considerações analíticas embrionárias, Sofia já "estava começando a tirar a moral das histórias", só que o sentido que dava era diverso do que previa o professor e o resto da classe.

Tal era a história ordinária:

[...] o que ele contou: um homem muito pobre sonhara que descobrira um tesouro e ficara muito rico; acordando, arrumara sua trouxa, saíra em busca do tesouro; andara o mundo inteiro e continuava sem achar o tesouro; cansado voltara para a sua pobre, pobre casinha; e como não tinha o que comer, começara a plantar no seu pobre quintal; tanto plantara e tanto colhera, tanto começara a vender que terminara ficando rico (p.15).

Tal é a leitura diferente que Sofia faz da história:

> Provavelmente o que o professor quisera deixar implícito na sua história triste é que o trabalho árduo era o único modo de se chegar a ter fortuna. Mas levianamente eu concluíra pela moral oposta: alguma coisa sobre o tesouro que se disfarça, que está onde menos se espera, que é só descobrir, acho que falei em sujos quintais com tesouros (p.17).

Tal é a leitura e tarefa do crítico: pode ir em busca do sentido ordinário da história, querendo tirar a mesma moral de que "o trabalho árduo era o único modo de se chegar a ter fortuna". Mas esta bem pode ser uma "história triste" que convém ao pensamento racionalizante e devorador de sua própria pobreza. A descoberta de Sofia: "o tesouro que está escondido onde menos se espera" é que fascina o professor. Leitura não das linhas, mas das entrelinhas. Leitura inversa ao tema proposto. Leitura que bem pode servir de parábola ao ato de criticar e analisar. Pode se dar que o crítico ande também o mundo ficcional de Clarice e não lhe descubra o tesouro onde ele aparentemente mais se exibe. Pode a riqueza estar do lado de fora, no vazio insituável. Pode até ser atingido aleatoriamente, estar escondido onde menos se espera, por exemplo, nos sujos quintais ou na impureza dos métodos aplicados na análise.

O ritual epifânico do texto

Esta abordagem crítica poderia chamar-se "A barata". Outro nome possível é "O assassinato da barata". E também "Como matar baratas". Farei então três abordagens, verdadeiras porque nenhuma delas mente à outra. São três possibilidades, mas poderiam ser mil e uma, recomeçando sempre, como no mito de Scheherazade.

Como um mito de Scheherazade há uma sucessão de textos saindo noturnamente um da madrugada do outro. Também em *A paixão segundo G.H.* há um desdobrar contínuo de uma história mágica e fantástica, não do desejo simplesmente, mas da "paixão" que se desdobra entre uma mulher e uma barata.

Uma mulher e uma barata que são a mesma criatura. Ou seja: uma certa manhã uma mulher, ao entrar no quarto da empregada que se foi, inspeciona o vazio, mas dá de cara com uma barata, que acaba esmagando pela metade ao fechar espavorida a porta do armário. Essa barata é o duplo dessa mulher. Através do esmagamento desse ser, Clarice nos faz penetrar num labirinto mágico, místico e metafísico.

Penetrar num labirinto mágico, místico e metafísico. "Como?", perguntará o leitor já achando este texto crítico estranho, senão esquisito.

Estranho, senão esquisito, pois não parece crítica literária e não é assim que se começa convencionalmente uma análise de texto.

Não é assim que se começa uma análise de texto, mas é assim que se deve começar a análise deste texto de Clarice, porque já estou imitando na estrutura do que escrevo a estrutura de sua narrativa. Estou copiando-lhe (empobrecidamente) a estrutura, para que, despojada de sua riqueza, se torne mais nítida para o leitor iniciante, ainda não iniciado.

O leitor iniciante, ainda não iniciado, talvez repare que estou repetindo as últimas palavras de cada parágrafo no início do seguinte. Poderia continuar fazendo isto, mas não sei se o farei, porque, como diz Clarice, há sempre o "acaso", a "probabilidade, o "erro". Mas ao fazê-lo estou me apropriando de uma técnica da autora e tornando criticamente visível a armadura da narrativa de G.H. e seu processo narrativo.

Seu processo narrativo é assim: o texto é uma massa que vai se espraiando sobre o papel em círculos concêntricos. Em espiral ou espirais. Ou, então, se pode dizer que os capítulos de G.H. são elos de uma corrente narrativa, onde cada capítulo começa como cada parágrafo desta crítica, até agora, com as palavras que fecharam o anterior.

As palavras que fecharam o capítulo primeiro de G.H., por exemplo, são: "É que um mundo todo vivo tem a força de um Inferno".

"É que um mundo todo vivo tem a força de um Inferno" vai ser a frase que abrirá o segundo capítulo.

O segundo capítulo se abre, como todos os demais, com a frase que fecha o antecedente. "E daí?", pode-se perguntar. Daí que estou formalizando na crítica a estrutura da obra criticada, numa operação intertextual, e sobretudo num plano sugerido pela própria composição de Clarice. Estou "desorganizando" a minha linguagem crítica convencional como a autora operou a "desorganização" de sua linguagem para reorganizá-la por meio de uma outra mais difícil e original. Procurar como ela um "decalque", uma "duplicata", uma "paródia" ou, quem sabe, apropriação e paráfrase para estabelecer um elo entre o texto crítico e o texto criticado, assim como os elos que existem entre os capítulos e os elos que existem entre esse livro e outros da autora, operando o que ela chama de "intertroca". Elos que, sem dúvida, neste mesmo livro estarão marcados não só uma consonância entre os diversos analistas presentes e Clarice, mas entre Clarice e Clarice, ou entre este e outros textos meus sobre a autora.

Mas há algo além disso. E quebro o ritmo, parando aparentemente de repetir a última frase, para introduzir um outro elo só perceptível a quem está familiarizado com a obra de Clarice.

É que comecei esta crítica fazendo já uma operação intertextual, parafraseando um conto da própria Clarice chamado "A quinta história", que assim se inicia:

> Esta história poderia chamar-se "As estátuas". Outro nome possível é "O assassinato". E também "Como matar baratas". Farei então pelo menos três histórias, verdadeiras porque nenhuma delas mente à outra. Embora uma única, seriam mil e uma, se mil e uma noites me dessem".

Confiram. Releiam texto de abertura deste ensaio.

Neste conto, publicado em *A legião estrangeira,* aparece uma técnica narrativa concêntrica. São cinco histórias com o mesmo tema – "a barata". São continhos mínimos, de um parágrafo, verdadeiras sinopses do que seriam se escritos mais longamente. E a última história, a "quinta", começa justamente com a mesma frase da primeira: "queixei-me de baratas".

Estão aqui embutidas várias lições. Ou seja: a estrutura desse conto tem muito a ver com a estrutura concêntrica e também espiralada da narrativa de Clarice. Pode-se dizer que os elos que existem entre as cinco histórias ilustram os elos que existem em dois níveis. Uma ligação *intra* e *intertextual*. É intratextual quando se refere às ligações internas do texto. É intertextual quando se refere às ligações entre um romance e outro, entre um conto e outro.

De alguma maneira, portanto, a estrutura de "A quinta história" é o modelo reduzido de um processo que se repete em toda a sua obra. Os textos se remetem a si mesmos num jogo de espelhos e repetem algumas obsessões temáticas e estruturais. No caso específico de "A quinta história" e suas relações com *A paixão segundo G.H.*, é sintomático anotar que foram publicados no mesmo ano, 1964, com uma mesma raiz cronológica.

Neste ponto da análise, construindo um texto crítico que seja um simulacro do texto analisado, me ocorre que é legítimo (e necessário) usar no plano analítico a mesma técnica da narradora no que tange às estruturas obsessivas e às relações *inter* e *intratextuais*.

As relações *inter* e *intratextuais* existem também no trabalho do crítico. E assim como um parágrafo retoma o outro, um romance retoma um conto e a análise crítica pode retomar-se a si mesma em textos passados. Neste sentido, estou já buscando elos entre o que escrevi sobre a autora e o que estou escrevendo agora, reafirmando estruturas significativas.

Reafirmando estruturas significativas nesta obra, posso adiantar, em síntese, quais os pontos a serem tratados aqui. E ao fazê-lo estou não apenas retomando um processo já inscrito num livro meu anterior onde analisei a autora (*Análise estrutural de romances brasileiros*),[1] mas seguindo

---

1 Sant'Anna, Affonso Romano de. *Análise estrutural de romances brasileiros*. São Paulo: Editora Unesp, 2012.

um processo da própria romancista de temas que serão desdobrados no interior da novela. Na verdade, o primeiro capítulo parece-se a um prólogo teórico que antecede a ação, e, no entanto, já é o livro em plena ação.

Deste modo, adianto alguns desses tópicos:

1. A narrativa de *A paixão segundo G.H.* como *epifania* literária, psicológica e mística.
2. A narrativa epifânica como *ritual* e o *rito de passagem*. A percepção da narrativa como exercício de *liminaridade*. O *rito da soleira* e o *rito da primeira vez*.
3. *A teoria da catástrofe* aplicada à estrutura da narrativa, da personagem e à lingua(gem) do texto. O tópico da *queda*. A *redenção* e a semântica da *paixão* configurando o *grotesco e o sublime*.
4. *O código dos sentidos* e a busca do *neutro*. A *homeostasis*: a estética e a consciência minimalista excessiva.
5. O *oximoro* dramatizando o absurdo, o paradoxo e a dialética. A metafísica do *dois* a partir da *fenda*. O *binarismo*. O *erro* e a *errância narrativa*. Os prefixos da negação e a *deseroização* da personagem.

Esta sequência sintética de itens é um roteiro. Um roteiro que fica aquém do pretendido. Esta análise já em curso, mais do que o preenchimento desses itens, contará com o vazio, com o espaço em branco, o por dizer. A análise caminhará em blocos separados por espaços em branco, como a narradora fez em sua novela, deixando respirar o próprio texto. E esse espaço em branco é ligação, não é ruptura. É maneira de também fazer respirar o leitor, tão angustiado quanto a personagem. Esse branco é a forma de nomear brancamente os capítulos da crítica e do romance.

E veja o leitor como se imprime no texto analítico o texto analisado. Um jogo entre o branco e o preto se estabelece em ambos os textos. O texto, como narrativa da verdade, se faz de espacejamentos. De descontínuos. De revezamento dos opostos, que dialeticamente buscam se complementar. Digo então que o texto sobre o papel não é apenas uma mancha preta, mas uma mancha branca. Aquela mesma "massa branca" que escorre do ser da barata imprensada na porta do armário do quarto da empregada. O texto é uma "mancha" contraditoriamente "preta" e "branca" que escorre como resultante de um massacre. Um massacre do ser. Do ser exposto à epifania. A epifania da escrita: traços escuros sobre um fundo branco.

E quando digo "mancha branca" – assim colocada entre aspas, como às vezes faz a própria autora quando quer destacar algumas palavras e expressões – estou falando o impossível. O imprevisível. O impensável dentro da lógica da frase. Toda mancha é (em geral) escura. Mas claro que no fundo escuro de seu ser a mancha pode ser branca. Não apenas Malevitch alcançou pintar várias telas chamadas "o branco sobre o branco" – onde o branco era a mancha do próprio branco –, como o texto pode ser essa mancha sobre a página em branco. O texto pode ser o momento luminoso da epifania.

O momento luminoso da epifania. Essa frase me obriga a retrovisar meu texto presente e ausente. E aqui aprofundo minha relação intertextual com o texto de Clarice. Não apenas usando a primeira pessoa como ela usa em sua ficção, fazendo emergir um "eu" pessoal e genérico, mas retomando intertextualmente um texto onde inscrevo e reescrevo o que seja o fenômeno da "epifania" na obra dessa autora. Sem o entendimento dessa palavra não se penetra luminosamente no seu texto. Portanto, considerando o texto como aquela mancha preta que, no livro, narra a claridade epifânica da revelação e a percepção súbita da verdade, ponderemos sobre o alcance desta palavra para o estudo desta obra.

A questão da *epifania* (*epiphaneia*) pode ser compreendida num sentido místico-religioso e num sentido literário. No sentido místico-religioso, a epifania é o aparecimento de uma divindade e uma manifestação espiritual – e é neste sentido que a palavra surge descrevendo a aparição de Cristo aos gentios. Aplicado à literatura, o termo significa o relato de uma experiência que a princípio se mostra simples e rotineira, mas que acaba por mostrar toda a força de uma inusitada revelação. É a percepção de uma realidade atordoante quando os objetos mais simples, os gestos mais banais e as situações mais cotidianas comportam iluminação súbita da consciência dos figurantes, e a grandiosidade do êxtase pouco tem a ver com o elemento prosaico em que se inscreve a personagem.

Ainda mais especificamente em literatura, a epifania é uma obra ou parte de uma obra onde se narra o episódio da revelação. É nesta acepção que empregamos o termo epifania também na análise da obra e de um poema de Carlos Drummond de Andrade, "A máquina do mundo", que não é só um poema, mas parte de um de seus livros, composto de dois poemas ("A máquina do mundo" e "Relógio do Rosário") que relatam uma experiência aparentemente rotineira: o poeta andando por uma estrada de Minas num crepúsculo até que se depara com a estranha máquina ofertando-lhe todo o conhecimento e a solução dos enigmas.[2]

Em Clarice, o sentido de epifania se perfaz em todos os níveis: a revelação é o que autenticamente se narra em seus contos e romances. Revelação a partir de experiências rotineiras: uma visita ao zoológico, a visão de um cego na rua, a relação de dois namorados ou a visão de uma barata dentro de casa. Nos romances, isto se conta com mais força e largueza, como a longa trajetória de Martim em *A maçã no escuro*, em seu processo de "descortinar" o mundo em patamares e ir adquirindo a linguagem por

---

[2] Sant'Anna, Affonso Romano de. *Carlos Drummond de Andrade: Análise da obra*. Rio de Janeiro: Nova Fronteira, 1982.

meio dos sentidos, do pensamento, das palavras orais e escritas. A linguagem, inclusive, como uma luta contra a razão, linguagem antilógica, longe do *logos* de Aristóteles e perto do *logos* de Heráclito.

Essa epifania obedece a uma sequência sintagmática, que coincide com a estrutura clássica das narrativas divididas em início, clímax e desfecho. Com efeito, a narradora refere-se várias vezes a um "pré-clímax", expressão que conota os dois momentos seguintes, o do clímax e pós-clímax:

> Tudo isto me deu o leve tom de pré-clímax.
> Acabam de surpreender em mim o meu suave pré-clímax.
> O pré-clímax foi talvez agora a minha existência.

A rigor, essa divisão triádica corresponde também a uma progressão da própria epifania: *pré-epifania, epifania, pós-epifania*. Como já está implícito na descrição que fazemos, a epifania se compõe desses três instantes:

1. a personagem está numa situação corriqueira;
2. surgem sinais de uma estranha situação, que se transforma numa epifania reveladora;
3. esgota-se a epifania e a personagem volta ao cotidiano modificada.

Essa divisão em três termos pode ser lida ainda de outra forma dentro do contexto desta narrativa:

1. uma mulher (G.H.) acorda para mais um dia de vida;
2. ocorre-lhe o "confronto" com a barata no quarto da empregada;
3. após esse incidente sua vida é retomada acrescida de algo.

Essa tríade sintagmática, a mulher *versus* a barata e a mulher depois da barata, sintetiza um drama existencial e simbólico. São uma peripécia como qualquer outra peripécia mítica e romanesca. Uma peripécia em que um herói está perseguindo algo. Em histórias convencionais, esse algo é um tesouro, um talismã, um amor, um reino. Aqui a busca tem um caráter metafísico. Por isso o livro começa assim: "estou procurando, estou procurando. Estou tentando entender. Tentando dar a alguém o que vi e não sei a quem, mas não quero ficar com o que vivi".

Neste sentido, é a história de uma transformação, de uma metamorfose. E metamorfose é um vocábulo invocado pela narradora para falar do seu processo e modificações: "É que, por enquanto, a metamorfose de mim em mim mesma não faz nenhum sentido."

"E via, com fascínio e horror, os pedaços de minhas podres roupas de múmia caírem secas no chão, eu assistia a minha transformação de crisálida em larva úmida, as asas aos poucos encolhiam-se crestadas. E um ventre todo novo e feito para o chão, um ventre novo renasci."

E assim, realizando a metamorfose epifânica, ela vai dizendo: "Eu já havia abandonado a mim mesma – quase podia ver lá no começo do caminho já percorrido o corpo que eu havia largado". É que a personagem está também se desenvolvendo, se metamorfoseando à medida que assume seu caráter ritual.

Seu caráter ritual reafirma a epifania. O ritual é uma sequência solene, essa narrativa hierática, esse avanço pausado, que se repete, circularmente ou de forma espiralada, ajuntando o alto e o baixo num mesmo anelo e aspiração.

Em Clarice o texto é um ritual. Por isto os personagens são ritualísticos. Por isto a narração é a memória de um encontro com a revelação epifânica.

No ritual há transformação, metamorfose: a água em vinho (ou a mulher em barata). O ritual une o baixo e o alto, o sublime e o grotesco, o sacro e o profano e elimina tempos e espaços.

Nesta autora, há consciência do ritual. O ritual aparece de forma implícita e explícita. Implícita quando ela não fala sobre ele, mas o dramatiza. Explícita quando teoriza no decorrer das peripécias da consciência sobre a natureza mesma do ritual.

Então, pode dizer:

"Me organizei através do ritual".

Ou pode ser também enfática:

"O ritual é o próprio processar-se da vida no núcleo, o ritual não é exterior a ele: o ritual é inerente [...]. O ritual é a marca de Deus [...]. O único destino com que nascemos é o ritual".

Ou pode dissertar mais agudamente:

"Mas tens medo, sei que sempre tiveste medo do ritual. Mas quando se foi torturada até se chegar a ser um núcleo, então se passa demoniacamente a querer servir ao ritual, mesmo que o ritual seja o ato de consumição própria – assim como para se ter o incenso o único meio é o de queimar o incenso".

Neste sentido, tal obra literária, situando-se no espaço implícito e explícito da ritualização e, por outro lado, sendo o espaço da progressiva epifania, pode ser analisada também sob uma ótica antropológica. Van Gennep estuda como as sociedades organizam seus rituais, rituais que assinalam a metamorfose dos indivíduos.[3] A passagem que operam de uma condição a outra. São os chamados *ritos de passagem* que vão assinalar esses momentos. E esses ritos podem ser concebidos como uma sequenciação (ou narrativa) também triádica, que em muito lembra o que já dissemos anteriormente sobre os três estágios da epifania:

1. ritos preliminares (= pré-epifania = pré-clímax)
2. ritos liminares (= epifania = clímax)
3. ritos pós-liminares (= pós-epifania = pós-clímax)

Ou, vendo isto mais extensivamente, teríamos:

---

[3] Van Gennep, Arnold. *Os ritos de passagem*. Petrópolis: Vozes, 1978.

1. *ritos preliminares* – em que ocorre a separação do indivíduo em relação ao grupo, preparando-se aquele para um grande momento de provas e provações;
2. *ritos liminares* – em que o indivíduo está na margem entre sua vida antiga e a vida vindoura, onde experimenta ao mesmo tempo do sagrado e do profano, e onde se deixa sacrificar para dar provas de sua transformação;
3. *ritos pós-liminares* – que indicam que o indivíduo foi aprovado, passou pelas provas, purgou suas faltas, demonstrou que está habilitado e pode ser jubilosamente aceito pela comunidade como novo membro.

Estes rituais, que se encontram dentro de seitas e religiões, dentro de clubes e associações, podem ser percebidos como estágios de crescimento do indivíduo. Celebra-se uma passagem, um reinício, uma morte e ressurreição.

Analisemos, por isto, mais de perto como se dá essa ritualização da narrativa e da personagem na obra estudada.

A primeira fase, em que se descrevem as preliminares, inicia-se quando G.H. acorda numa manhã e decide conhecer, incorporar, penetrar no espaço até então velado e desconhecido: um simples quarto de empregada. Inicia-se, então, aquela sensação de "pré-clímax". A personagem começa a caminhar para o quarto dos fundos, detém-se em áreas até então pouco observadas de seu prédio e começa a se desligar do mundo convencional: joga fora o cigarro e desliga o telefone, para que não seja interrompida em seu ritual.

Uma metáfora nos dá a ideia de seu ingresso no espaço estranho onde experimentará espantos até então desconhecidos. Refere-se ela ao "corredor escuro", espécie de conduto, de umbigo simbólico entre um mundo e outro. Um lugar de passagem. Um corredor, mas escuro, que ao mesmo tempo separa e une.

Por enquanto, embora a estranheza, ela não vive ainda a "grande loucura", ainda não pode "ver o núcleo da vida", a "loucura promissora". Ela ainda está de alguma maneira dentro de seu cotidiano, por isto considera: "minha tragédia estava em alguma parte. Onde estava o meu destino maior? Um que não fosse apenas o enredo de minha vida. A tragédia – que é a aventura maior – nunca a realizara em mim. Só o meu destino pessoal era o que eu conhecia".

O que desencadeia a imersão da personagem no universo da diferença é uma coisa simples: ela decidiu arrumar a casa. Mas de um modo peculiar: "começaria talvez por arrumar pelo fim do apartamento: o quarto da empregada". E ela que confessara que "arrumar" era a sua única vocação verdadeira, ao penetrar nesse quarto, desencadeia um processo irreversível de conhecimento do mistério, do enigma, da escuridão, do outro, do que havia de mais abjeto – a barata, como símbolo a ser decifrado-possuído-devorado.

Estando em sua própria casa, no entanto, ela é expulsa da familiaridade. Está redescobrindo tudo de novo: "o quarto divergia tanto do resto do apartamento que para entrar nele era como se eu antes tivesse saído de minha casa e batido a porta. O quarto era o oposto do que eu criara em minha casa". Ali ela descobre não só suas malas com suas iniciais G.H., mas um desenho na parede. Desenho primal, rupestre, que a remete à anterioridade de seu próprio ser: um homem, uma mulher e um cão desenhados a carvão na parede do quarto da empregada.

Está no útero (ou gruta) da história, no recomeço dos tempos.

Uma segunda instância do ritual, ou peripécia, da personagem ocorre quando começa a surgir a barata do fundo escuro do armário, e ela, aparecendo como a antagonista assustadora, é esmagada pela porta acionada por G.H. em pânico.

A barata é surpreendida entre dois espaços. Está metade dentro e metade fora. Aos poucos verterá uma massa branca, exibirá seus olhos e antenas em pura perplexidade, que é também perplexidade de sua algoz, convertida tanto em vítima como ela.

Na verdade, a mulher está vertendo também a sua massa branca de epifania e pasmo. Está ali prisioneira, com "náusea" e "nojo". A barata é mais que uma barata. O quarto é mais que um quarto. O armário é mais que um armário. A barata é um lugar de passagem. Daí ela dizer claramente: "a passagem estreita fora pela barata difícil, e eu me havia esgueirado com nojo através daquele corpo de cascas e lama. E terminara também toda imunda, por desembocar através dela no meu passado que era o meu contínuo presente e o meu futuro longínquo...".

Ali estão a mulher e a barata: fêmeas, iguais, "pois o que é esmagado pela cintura é fêmea". Cintura. Meio. Corte. Barra. Separação. Meio a meio. Duas faces. Duas metades. Morte e renascimento. Ritual e epifania.

Seria aquele lugar de passagem uma reprodução do *rito da soleira*?

O fato é que as soleiras e portais são revestidos, quando não de perfumes, pelo menos de sangue e outros sinais purificadores. E na Babilônia as "guardiãs de soleira" eram figuras mitológicas, seres zoomórficos, que lembravam dragões alados, esfinges e outros monstros. Com efeito, em Tebas, a Esfinge estava na entrada da cidade. Passar por ela, pelo seu enigma, era como enfrentar um ladrão. Era um rito de passagem, que só Édipo, entre tantos, realizou.

Será que nossas catedrais medievais guardam uma reminiscência deste cenário? O que fazem tantos monstros em forma de cariátides nos templos góticos, nos advertindo sobre o inferno? Talvez esses templos sejam a concretização da diferença, da separação entre o mundo profano e o sagrado, o alto e o baixo, o humano e o divino.

E Clarice aproxima a sua barata desses símbolos. Primeiro porque diz claramente: "Projetada para frente, ereta no ar, uma cariátide. Mas uma cariátide viva". Isto além de vislumbrar na barata outras variantes que confirmam sua força mitológica: "era uma barata tão velha como salamandras, e quimeras, grifos e leviatãs".

Há, coincidentemente com essas observações, uma outra feita por Gennep sobre o *rito da soleira*. Ele considera a separação entre o "território pessoal" e a "entrada no território neutro". Até parece que estamos relendo Clarice, pois é ela que, num determinado ponto, também diz que havia que sair do "estágio psicológico" para penetrar num universo que, repetidamente, ela chama de "neutro", onde os sentidos são superados e onde o neutro tem o sentido da própria "santidade" ("O santo se queima até chegar ao amor do neutro").

Mas, mais do que isto, há ali uma ilustração ritualística sobre a soleira, a passagem e a barra, a divisão que separa os dois mundos:

> Vários ritos de passagem das fronteiras foram estudados por Clay Trumbull, que menciona o seguinte rito: quando o general Grant chegou a Assiout, localidade de fronteira, ao desembarcar, foi sacrificado um boi, sendo a cabeça colocada de um lado de uma ponte estreita e o corpo de outro, de modo que Grant teve de passar entre as duas partes, saltando por cima do sangue derramado. Este rito, que consiste em passar no meio de um objeto cortado em dois entre dois ramos, ou por baixo de alguma coisa, é um rito que se deve, em certo número de casos, interpretar como rito direto de passagem. A ideia nele contida é a de que a pessoa dessa maneira sai do mundo anterior para entrar em um mundo novo.[4]

---

[4] Van Gennep, Arnold. *Os ritos de passagem*. Petrópolis: Vozes, 1978. p.36.

G.H. é como a barata: um sujeito-objeto, cortado em dois. Ela se sabe no limiar, por isto considera: "Eu talvez já soubesse que, a partir dos portões, não haveria diferença entre mim e a barata. Nem aos meus olhos nem aos olhos de Deus".

No meio do processo epifânico, dentro do espaço onde se ritualiza o conhecimento através de humilhantes e desmobilizadoras provas, o conhecimento de si mesmo através do outro (G.H. através da barata) pode ser entendido, ainda, na medida em que (antropologicamente) concebamos essa barata como um animal totêmico. E como animal (ou inseto, tanto faz) totêmico ela exerce função dupla.

É ao mesmo tempo o sujeito-objeto de culto, de aproximação e sedução. Mas é também o ser concreto e simbólico a ser devorado pelo crente, pelo iniciado, por aquele que compartilha de seu sangue e carne. Então, a fusão de um com o outro ocorre por meio de "comensalidade", palavra referida também pela narradora no contexto em que há uma aproximação entre ela e a barata não mais através dos outros sentidos apenas, mas da própria boca. A massa branca que escorre da barata é uma variante da "hóstia", palavra também empregada no texto, indicando o grau de canibalismo do ritual realizado. A "massa branca", que em transe ela põe em sua boca, é o sangue e o corpo da entidade sacrificada. Tal gesto levaria G.H. à "redenção". Era um gesto de rebaixamento e humilhação, como quem beijasse um leproso. "Mas beijar o leproso não é bondade sequer

[...]. O benefício maior do santo é para com ele mesmo". E, além do mais, "a lei é que a barata só será comida por outra barata".

Se este não é um "ágape" na tradição ritualística cristã, é, pelo menos, uma cena de canibalismo amoroso. O canibalismo exige como condição para se realizar que ocorram dois movimentos complementares, identificação e incorporação, e assim o outro é oralmente introjetado. E tanto a identificação quanto a incorporação ocorrem no ambíguo confronto entre G.H. e a barata.

"Eu estava toda nova como uma recém-iniciada", diz a personagem-narradora, revelando sua consciência do processo. "Eu sabia que entrar não é pecado. Mas é arriscado como morrer". Então, quando está experimentando o clímax da epifania e da liminaridade, começam a surgir metáforas que falam de nascimento e morte: "ovários", "aborto", "gravidez", "mãe", "filha" etc.

Já que a atmosfera é de celebração primitiva de ritos ancestrais, não é de estranhar que o texto comece a reforçar semanticamente esse cenário, referindo-se a "caverna", "deserto" e "desenho rupestre". Volta-se ao que há de mais originário na história do homem, ao tempo em que homem e animal (mulher e barata) viviam a rudeza de sua essência.

Mas há, por outro lado, uma cronologia específica no texto. Uma cronologia cotidiana, romanesca, que, de repente, ganha valor simbólico e mítico. A personagem começa sua arrumação da casa pela manhã. Ao se aproximar das 11 horas, algo começa a se modificar: "São onze horas da manhã no Brasil. É agora. Trata-se exatamente de agora. Agora é o tempo inchado até os limites [...]. O tempo freme como um balão parado. O ar fertilizado e arfante. Até que num hino nacional a badalada das onze e meia corte as amarras do balão. E de repente nós todos chegaremos ao meio-dia".

Sucede, durante o meio-dia, o primeiro grande arrebatamento. Meio-dia. De novo a barra separando as duas partes do signo mulher/barata. Duplicidade. Unicidade. Como lembram Chevalier e Gheerbrant, o meio-dia e a meia-noite são horas mágicas, espaços de passagem, como os solstícios de verão e inverno.[5] Ao meio-dia desaparece a sombra. No esoterismo tântrico, que tem seus parentescos com o texto de Clarice, essas horas são instantes de repouso absoluto e beatitude. O "sol do espírito" confunde-se com o sol físico. Por isso, o pensamento esotérico vai desenvolver a respeito destes momentos alguns oximoros: a meia-noite luminosa e o meio-dia escuro. Oximoros que, como veremos mais adiante, são um recurso estruturante da consciência da narradora.

Não seria de todo impróprio aproximar o capítulo em que a personagem tira os olhos do quarto e vê a favela ao lado e termina por ter visões fantásticas além do cotidiano

---

[5] Chevalier, Jean; Gheerbrant, Alain. *Dictionnaire des symboles*. Paris: Seghers, 1969.

com o que se chama de revelação da "máquina do mundo", que aparece na literatura ocidental desde a Idade Média até os nossos dias. Com efeito, ela descortina "o império do presente". Extravasa o tempo, passando por Dardanelos e mercadores assírios, vai ao passado e ao futuro ("Eu havia talvez desencavado o futuro"). E começa a "ver". E esse verbo assume importância nessa revelação: "[…] então vi como quem nunca vai contar. Vi, com a falta de compromisso de quem não vai contar nem a si mesmo. Via, como quem jamais precisara entender o que viu."

Ocorre aquilo que a narradora chama de "meditação visual", uma cena "alucinatória" no limiar do tempo e espaço. Ao meio-dia. A personagem está atravessando "El Khela, o nada", "o Tanesruft, país do medo", o "Tiniri, terra além das regiões da pastagem".

Esgota-se aí o aspecto ritualístico dessa narrativa? Não. Abre-se uma nova porta no labirinto. É que o périplo da personagem realiza também outro tópico da mística e da antropologia, o tópico da "primeira vez". Isto é: há uma reincidente afirmação de que as experiências que estão ocorrendo sucedem sempre como se fossem "a primeira vez". Uma "primeira vez" que se repete ciclicamente, concentricamente, reafirmando uma estrutura espiralada. Espiralada, ascendente no sentido mítico e místico. Como se a estrutura dos "ciclos" de Dante na sua experiência pelo Inferno, Purgatório e Paraíso fosse um padrão que, de uma certa maneira, pudesse aqui se repetir.

A inscrição da "primeira vez", mais do que um exercício de "eterno retorno", é reafirmação constante de uma "intertroca" entre vida e morte, exemplificação de um constante reinício, uma viagem ao "núcleo" das coisas. E é também uma estrutura típica dos ritos de passagem. Pois, lembrando Gennep, "vimos repetidas vezes que os ritos de passagem não se apresentam em sua forma completa, ou não se acentuam mais ou menos, não existem a não ser por ocasião da primeira passagem de uma categoria social ou de uma situação a outra".[6]

E assim a "primeira gravidez", o "nascimento do primeiro filho", "o primeiro corte de cabelos", o "primeiro dente", a "primeira alimentação sólida", o "primeiro noivado", o "primeiro coito" etc. têm uma função iniciática, para o indivíduo e para a comunidade. E na obra de Clarice isto se dá marcadamente. Uma leitura de outros romances e contos mostra abundantemente como este tópico circula dentro e entre seus livros. No caso de *A paixão segundo G.H.* isto é mais apurado, e até a estrutura concêntrica dos capítulos, começando com a frase do anterior, remete para o constante reinício da escrita e da experiência.

Daí expressões como essas:

"Se soubesses da solidão desses primeiros passos".

"Era como se eu tivesse morrido e desse sozinha os primeiros passos em outra vida."

---

6   Van Gennep, Arnold. *Os ritos de passagem*. Petrópolis: Vozes, 1978. p.147.

"[...] como se pela primeira vez enfim eu estivesse ao nível da Natureza".

O que mais poderia ser dito ainda sobre isto a partir desse enfoque que privilegia o fenômeno da epifania e do ritual de passagem?

Os fenômenos da epifania e do ritual de passagem podem ser lidos de outra forma ainda enriquecedora.

Refiro-me à aplicação aqui da *teoria das catástrofes*. Surgida nos domínios da matemática e aplicável à física, à geologia e mesmo à linguística, ela pode aclarar aspectos da obra de Clarice e da própria teorização que fazemos sobre a epifania e o ritual. Interessa-se tal teoria por estudar os movimentos ríspidos dos sistemas, as formas e modos como certos sistemas, sejam orgânicos, mecânicos ou sociais, entram em crise, sofrem um colapso ou passam por abruptas modificações. É uma forma de estabelecer o perfil de "maremotos" e "terremotos" nos sistemas ou, como no caso de John Lowe, uma técnica para estudar o colapso da cultura maia.[7]

Evidentemente que há uma diferença entre o apocalipse e o colapso que ocorre com os sistemas, quer sejam eles orgânicos, físicos ou sociais. Numa catástrofe biológica, com morte, não se pode recompor. A mesma coisa com

---

7   Lowe, John W. G. *The Dynamics of Apocalypse*. Albuquerque: Univ. New Mexico Press, 1985.

certas máquinas nem sempre recuperáveis. Já as sociedades nem sempre experimentam a morte completa. Há um apocalipse, mas há um novo gênesis. Um reinício. Reinício que sobrevém, aliás, também numa estrutura narrativa, como a que estamos analisando, depois da catástrofe ou "queda", como chama a autora.

Talvez se pudesse explicar (cautelosamente) essa teoria das catástrofes à história da arte. Talvez se pudesse assim entender melhor as mortes e transformações dos estilos. Talvez se pudesse entender a própria arte depois do vendaval, terremoto e erupção do romantismo com seu *Sturm und Drang*. Igualmente se poderia por aí estudar isto que se chamou de "ruptura" da modernidade, a "antiarte" futurista e dadaísta como movimentos "catastróficos" para revitalização do sistema. Curiosamente, passou-se a estudar sempre a questão dessa "ruptura" da modernidade em relação ao termo "tradição", como se esses dois termos fossem pratos de uma balança e demonstração da própria dialética da história continuamente recriada.

Em termos gerais, mais internos e relativos à obra de Clarice, pode-se dizer que o que tenho chamado de epifania e liminaridade se inscrevem no âmbito da catástrofe. Catástrofe em que a personagem se decompõe, expõe-se pelo avesso, revela sua contraditoriedade e vive a náusea e o enjoo existencial. É o momento da experiência do tudo e seu avesso – o nada, da multiplicidade e de seu avesso, – o neutro.

E, reafirmando parafrasicamente em meu texto crítico a estrutura concêntrica do texto analisado, retomo a estrutura triádica já referida em outros pontos deste trabalho, para ampliá-la. E assim teríamos:

1. pré-catástrofe (= pré-epifania, ritos pré-liminares): corresponde àquilo que a autora chama de "organização anterior";
2. catástrofe (= epifania, rito liminar): corresponde à "desorganização profunda";
3. pós-catástrofe (= pós-epifania, ritos pós-liminares): surgimento de uma nova organização do sistema.

A paixão segundo G.H. começa se referindo a uma dualidade entre organização e desorganização. A narradora vai relatar algo que lhe aconteceu na véspera e que a perturbou para sempre. Neste acontecimento, ela perdeu o "equilíbrio", perdeu a "terceira perna", que era o apoio. Confessa que teve que aprender a "não pertencer mais a um sistema", "a correr o sagrado risco do acaso." E a substituir o "destino pela probabilidade."

Deste modo, G.H., que por profissão era escultora (o que é revelador, pois estava acostumada a dar forma e sentido aos volumes e massas), vê-se às voltas com o caos, o colapso, a catástrofe de sua própria consciência.

Antes ela dizia:

"Sempre gostei de arrumar. Suponho que esta seja a minha única vocação verdadeira."

"Arrumar é achar a melhor forma. Tivesse eu sido empregada-arrumadeira, e nem sequer teria precisado do amadorismo da escultura."

E é para arrumar que ela entra no quarto da empregada. E aí ocorre a catástrofe, a desarrumação total de seu ser. Súbito lhe vem a sensação de "horror", "terror", "morrer". As palavras que começam a marcar a narrativa são: "tragédia", "inferno", "queda". Então ela anota o "desmoronamento de civilizações", tem a sensação de que "ia caindo séculos e séculos" e está presenciando os "últimos restos humanos" naquele deserto em que tudo se nadifica e tende para o neutro.

Essa catástrofe tem uma ligação estrutural com um *topos* das narrativas clássicas e mitológicas: a queda do herói, o precipitar-se no buraco, no precipício, nos infernos ou lugares escuros cheios de figuras teriomórficas. Isto ocorre com Alice de Lewis Carroll, caindo num buraco que lhe abre portas para um mundo mágico; isto ocorre com Jonas no ventre da baleia; com José colocado no fundo do poço pelos irmãos e dali saindo para a glória do trono real egípcio.

As catástrofes têm uma relação com o grotesco. Primeiro, porque, como adiantou Wolfgang Kayser,[8] o grotesco se caracteriza por uma mudança violenta no sistema,

---

8 Kayser, Wolfgang. *The Grotesque in Art and Literature*. Bloomington: Indiana Univ. Press, 1963.

provocando insegurança e instabilidade. No grotesco, há a falência da ordem moral e do universo físico. Além do mais, no grotesco o mundo aparece em sua "estranheza" e tudo deixa de ser confiável. E, sendo um jogo com o absurdo, daí emergem os aspectos demoníacos, presença da fissura, da fenda, por onde o demônio se insere.

E parte dessa narrativa, no seu ângulo catastrófico e grotesco, é dedicada às aproximações com o ritual do sabá, a missa negra. Aí, reafirma-se a dualidade, a força dos oximoros, porque, já que essa catástrofe produz um mundo novo, o sabá referido lhe traz a "alegria do inferno".

> Eu entrara na orgia do sabá. Agora sei o que se faz no escuro das montanhas em noites de orgia. Eu sei! Sei com horror: gozam-se as coisas. Frui-se a coisa de que são feitas as coisas – esta alegria crua da magia negra. Foi desse neutro que vivi – o neutro era o meu verdadeiro caldo de cultura. Eu ia avançando, e sentia a alegria do inferno.

Por isso, por mais paradoxal que possa parecer, essa narrativa é ao mesmo tempo grotesca e sublime. Pois o sublime é que, presente ou ausente, dá sentido ao grotesco. É em relação ao sublime que o grotesco se compõe. E estudá-lo separadamente tem sido um erro teórico antigo.

Não apenas os heróis que experimentaram a "queda" se dirigiram para o sublime (Dante, Jonas, José ou o próprio Cristo), mas os insetos (como aquela barata) são as zoomorfoses do grotesco. No baixo grotesco, estão as cobras e todos os seres rastejantes; estão os sapos mirando as estrelas e os ratos aspirando à conversão em morcegos ou anjos. E, nessa narrativa, G.H. tematiza, na barata que vem do fundo escuro do armário, o grotesco emergente que quer se metamorfosear em sublime a partir da epifania, da liminaridade e do ritual de passagem. E essa barata preserva o paradigma do grotesco quando a narradora aproxima-a da imagem da "lagosta", do "escaravelho" e até mesmo do crocodilo, ainda que observe: "eu só tenho nojo do rastejar de crocodilos porque não sou crocodilo."

Quando relaciono o grotesco ao sublime, faço-o não só vinculando-o estruturalmente à verticalidade luminosa da epifania e à tensão do espaço liminar e ritual, mas também opero uma ênfase num outro aspecto da narrativa, exatamente na sua vocação para o sublime. Já ensaístas como Benedito Nunes apontaram para certas semelhanças entre o pensamento do Tao-Te-King e São João da Cruz e certas passagens do livro em questão.[9] O próprio título do livro não seria inocente. Remeteria para uma paixão segundo São Mateus, segundo São João etc. Referências a Cristo existem lá concretamente. Vocábulos como "fé", "paixão", "milagre", "santos", "punição", "redenção", "danação", "transcendência" e "sacrifício" e expressões como "fruto proibido" e "via crucis", mais as definições de Deus, as referências ao inferno, à vida dos santos, tudo isso, já

---

9 Nunes, Benedito. *O dorso do tigre*. São Paulo: Perspectiva, 1969.

numa análise de conteúdo, dramatiza a vocação sublime antagonizada pelo grotesco.

E há um dado a sublinhar. A linguagem de conteúdo religioso e místico mantém uma estrutura hierática. Hierática significando o sagrado, o elevado, mas sobretudo em sua conotação com aquilo que de hierático tem o *hieróglifo*. Pois o hieróglifo era a escrita sagrada dos sacerdotes, em oposição à escrita demótica, mais popular e profana. E hieróglifo é uma palavra que a narradora usa repetidas vezes. Reiterando de um lado o caráter hierático de sua obra, mas também remetendo para a questão do enigma, do mistério, possibilitando à crítica estabelecer conotações entre o hieróglifo e as metáforas do sonho, conforme Freud. Como texto hierático e hieroglífico é que talvez se devesse ler a nota introdutória do livro, quando ela adverte: "[...] eu ficaria contente se o livro fosse lido apenas por pessoas de alma já formada. Aquelas que sabem que a aproximação, do que quer que seja, se faz gradualmente e penosamente – atravessando inclusive o oposto daquilo que se quer aproximar."

Essa é uma linguagem-sujeito, divinizada pelo ritual que desenvolve. Não é uma linguagem-objeto, puro conteúdo transparecendo banalidades. Nisto, é uma linguagem-ritual. Daí o seu caráter circular, fechado, e a composição em tom de "oratório" – termo que reaparece aqui e ali dando ainda mais solenidade à epifania. Como um oratório com seus contrapontos e fugas, com diversos temas se desenvolvendo num rodízio ascencional e espiralado, lembra as volutas das catedrais barrocas em direção ao infinito. Catedrais que reúnem o grotesco e o sublime numa só dialética e num só oximoro. E, no entanto, tudo decorre de algo minúsculo que se passa num quarto de um apartamento entre uma mulher e uma barata: "[...] a vastidão dentro do quarto pequeno aumentara, o mundo oratório alargava-o em vibração até a rachadura do teto. O oratório não era prece: não pedia nada. As paixões em forma de oratório."

As paixões em forma de oratório podem ser estudadas de outra forma. Através, por exemplo, do jogo que se estabelece entre os números três, dois e um. Neste caso, a semântica metafísica do texto cruza com valores matemáticos.

Já anteriormente anotei que existe, sobretudo no princípio, a insistência do número três, fixada na metáfora da "terceira perna", significando equilíbrio e pré-epifania. A seguir indiquei como a entrada na liminaridade implicava a fragilidade de manter-se sobre duas pernas. O número dois, exemplificado na dualidade mulher e barata, trazia em si uma barra, uma separação metaforizada pela porta que corta ao meio e esmaga a personagem que deixa escorrer sua consciência catastrófica.

Agora, leiamos de perto um dos parágrafos do livro para sentir como a narrativa trabalha metafisicamente a questão numérica disseminada em seu texto. E é um texto, esclareço, que surge no meio de sua queda, num dos momentos mais agudos da revelação:

> Entrei naquilo que existe entre o número um e o número dois, de como vi a linha do mistério e fogo, e que é linha sub-reptícia. Entre duas notas de música existe uma nota, entre dois fatos existe um fato, entre dois grãos de areia, por mais juntos que estejam, existe um intervalo de espaço, existe um sentir que é o sentir – nos interstícios da matéria primordial esta linha de mistério e fogo que é a respiração do mundo, é a respiração contínua do mundo, é aquilo que ouvimos e chamamos de silêncio.

Aí está a própria teorização sobre o interstício, o intervalo, a fenda, a rachadura entre o número um e o número dois, entre o sujeito e o objeto, entre duas unidades. E a narrativa será exatamente a descoberta desse vácuo alucinante no descontínuo da própria casa, quando se entra no vazio do quarto e quando do escuro do armário surge intersticialmente aquela barata, que é algo entre uma nota de música e outra, entre um fato e outro, entre dois grãos de areia.

Como diz Oscar Handlin, em *Truth in History*, o número três, por mais que nos seduza, não tem a importância matemática do número um e do número dois.[10] Esses esgo-

---

10 Handlin, Oscar. *Truth in History*. Cambridge: Harvard Univ. Press, 1979.

tam o conceito de número. Podemos dizer, o surgimento do número dois é que inventa o infinito. A partir dessas duas unidades fundadoras 1 e 2, descobre-se ao mesmo tempo a descontinuidade e a continuidade. E é com essas duas unidades primordiais que se inscrevem as narrativas e a história. É aí que nascem inclusive os computadores, em sua espantosa manifestação binária. Com os dois dígitos iniciais calcula-se o infinito. Com eles pode-se chegar a cálculos quantitativamente impensáveis pela razão rastejante dessa barata chamada homem.

Pode-se então dizer que os dois termos iniciais, as duas letras/palavras iniciais, são o princípio de uma série de narrativa infinita. Sheherazade, tendo atingido a segunda noite, estava já salva para sempre. Sua tarefa era entrar viva na segunda noite e todas as demais seriam decorrência dela. Por isso, semioticamente, poder-se-ia ler o número de mil e uma noites (1001) como um alargamento de intervalo entre a primeira unidade (1) e a segunda (1), sendo os dois zeros intermediários quase que dízimas periódicas do alargamento da vida, do tempo e da sobrevivência do amor através do revezamento entre os dois dígitos da noite e do dia.

Esses dois dígitos (a mulher e a barata) têm uma relação de complementaridade binária. São a semente de uma série de desdobramentos, de bifurcações, de dualidades pelas quais caminha toda a narrativa: organização/desorganização, medo/esperança, bem/mal, perder/ganhar, perder/achar, entrar/sair, integrar/desintegrar, arrumar/desarrumar, verdade/mentira, ver/não ver, amor/carência, inferno/paraíso, fracasso/êxito, silêncio/ruído, agora/eternidade etc.

Mas essas não são simplesmente anotações opositivas inconciliáveis. São encruzilhadas, verdadeiros "lugares de passagem" da narrativa da consciência. Na verdade, poder-se-ia dizer que aí existe não só a semente, mas o florescer de uma "árvore de decisões", como se diz em matemática. Ou, então, de "indecisões", como diria Clarice.

Por isso, imaginemos, como o faz Francisco Antônio Dória a propósito da explicação do que seja um sistema binário, que diante de uma "árvore de decisões" a pessoa esteja numa "encruzilhada".

> Ela pode tomar tanto o caminho da direita quanto o da esquerda. Ela toma o da direita. Mas adiante, defronta-se com outra encruzilhada. Agora toma o caminho da esquerda e, mais em frente, encontrando-se numa terceira encruzilhada, ela se decide pelo da direita etc., até chegar aonde for seu desejo. Como poderíamos representar o caminho seguido? Poderíamos dizer: ele parte deste ponto, toma a direita, a esquerda, e assim por diante até chegar ao ponto final. Mas estas instruções podem ser abreviadas por um número do sistema binário: se escrevermos "0" toda vez que se seguir pela direita, e "1" toda vez que se seguir pela esquerda, ao caminho percorrido corresponderia um número no sistema, como 10110001... Supondo-se um caminho com um número infinito de bifurcações, pode-se mostrar como cada

percurso possível é um número representado no sistema binário e como a qualquer número natural corresponderá um caminho.[11]

De um ponto de vista estilístico e da estrutura da narrativa, essa estrutura pode ser paralelizada com a estrutura de *A paixão segundo G.H.* Cada passo da personagem é uma opção entre dualidades. Desde a opção original/originária de entrar no quarto, "entrar" no armário, "entrar" na barata, tudo é sinal de um irremissível "desvio" que provoca o florescimento luminoso da árvore epifânica. E, fosse eu estudar ainda mais fundo e em mais espaço isto, bastaria alargar o sentido da palavra "raiz", tantas vezes disseminada, plantada e enraizada na sua narrativa. E, fosse necessário, poderia complementar com as metáforas do "fruto do bem e do mal" que surgem às vezes no mesmo parágrafo onde existe a "raiz" das opções e, finalmente, desfolhar aqui todo o conhecimento que o leitor já tem em torno da metáfora da "árvore da vida", que pertence ao folclore e mitologia de várias culturas e que está no subsolo também da narrativa.

Mas de um ponto de vista estilístico bastaria ressaltar ainda que há na superfície mesma do texto uma sucessão "discreta" de números/signos. Uma série de significantes decorrentes do tronco original de opções. E assim não só

---

11 Katz, Chaim Samuel et al. *Dicionário de comunicação*. Rio de Janeiro: Paz e Terra, 1975.

os capítulos compõem a árvore narrativa saindo um do outro, mas os próprios parágrafos são alongamentos um do outro, como se de cada parágrafo brotassem novos significantes. Ou, então, retomando a metáfora geológica, também conveniente, como se houvesse um deslizamento de significantes na camada do texto, registrando as mutações semântico-catastróficas da epifania.

Assim desliza-se do "medo" para a "esperança", do "fracasso" para o "silêncio", da "carência" para o "amor", da "loucura" para a "danação". E de tal modo isto ocorre nestes descolamentos geovocabulares que estes chegam a uma sinonímia neutra:

> [...] de agora em diante eu poderia chamar qualquer coisa pelo nome que eu inventasse: no quarto seco se podia, pois qualquer nome serviria já que nenhum serviria. Dentro dos sons secos da abóbada tudo podia ser chamado de qualquer coisa, porque qualquer coisa se transmudaria na mesma mudez vibrante.

Finalmente, encerrando esse bloco ou essas ramificações teóricas, é preciso lembrar que a questão do vazio entre o 1 e o 2, o descobrimento do interstício entre duas notas e a metafísica da binaridade passam pela questão do "erro". Uma questão que é tanto literária quanto matemática e filosoficamente tem muita identidade.

Como lembra ainda Francisco Antônio Dória, "o erro sistemático de cálculo é uma exigência da estrutura do processo, de sua descontinuidade". E mais: "O erro é sempre causado pela intromissão do mundo real no mundo fechado e coerente da teoria."[12]

O que tem isso a ver com tudo o que estamos demonstrando?

Bastaria ler Clarice simplesmente quando diz: "O erro é um dos meus modos fatais de trabalho." Ou, então, quando teoriza mais largamente sobre o assunto e pondera:

> E não me esquecer, ao começar o trabalho, de me preparar para errar. Não esquecer que o erro muitas vezes se havia tornado o meu caminho. Todas as vezes em que não dava certo o que eu pensava ou sentia – é que se fazia enfim uma brecha, e, se antes eu tivesse tido coragem, já teria entrado por ela. Mas eu sempre tivera medo do delírio e erro. Meu erro, no entanto, devia ser o caminho de uma verdade: pois só quando erro é que saio do que conheço e do que entendo. Se a "verdade" fosse aquilo que posso entender – terminaria sendo apenas uma verdade pequena, do meu tamanho.

Por isso é que se pode falar não apenas de "erro", mas de uma *errância epifânica*. Um deslocamento pela diferença, pela falha ou brecha. Um modo de cobrir a distância entre 1 e 2, entre todos os opostos que constituem o oximoro estruturante desta narrativa/consciência-em-progresso.

---

[12] Katz, Chaim Samuel et al. *Dicionário de comunicação*. Rio de Janeiro: Paz e Terra, 1975. p.163.

Os opostos que constituem o oximoro estruturante desta narrativa/consciência-em-progresso podem ser analisados no nível mínimo da frase, na estrutura da personagem ou nos grandes planos da narração.

E se tenho falado de oximoros no correr desta análise é porque eles organizam o texto de Clarice. O oximoro é uma declaração (aparentemente) contraditória. Como em Cícero: "silêncio eloquente". O oxímoro se arma de dualidades e antíteses. Como aponta Joseph Shipley, o oximoro se manifesta pela sinescioce, antítese, enanciose, antistoicom e sinestesia. Num outro tipo de trabalho, seria interessante marcar as diferenças entre esses diversos tipos de oximoros. Aqui, no entanto, trabalho somente com a estrutura básica dessas violentas oposições. Oposições que mostram a ruptura e o esforço de ligação absurda. A rigor, o oximoro é uma sutura da linguagem e do pensamento. Uma sutura de catástrofe. São uma marca de cicatriz, uma lembrança da ferida na pele exposta da frase.

Alguns exemplos, dos inumeráveis:

> Não me deixes tomar essa decisão já tomada.
>
> Minha rouquidão de muda já era a rouquidão.
>
> Só posso alcançar a despersonalização da mudez se eu antes tiver construído toda uma voz.
>
> No entanto, toda essa realidade eu a vivia com um sentimento de irrealidade da realidade.

E o inferno é a tortura da dor, é a tortura de uma alegria.

Se eu tivesse precisado tanto de mim para formar minha vida, eu já teria tido a vida.

Foi a minha própria vida errada quem me anunciou para a certa.

Eu sempre havia tido uma espécie de amor pelo tédio. E um contínuo ódio dele.

O opaco me reverberava nos olhos.

Medo de minha falta de medo.

Eu agora era pior do que eu mesma.

Viver não é vivível.

O nada é tudo, o neutro é que é a vida, o neutro é violento.

Infernalidade cheia de prazer.

Um horrível mal-estar feliz.

Como explicar a presença desses absurdos tão lógicos dentro do discurso da autora?

Esses oximoros correspondem a outros oximoros e paradoxos em outros níveis do texto. Por exemplo, a sua história se constrói a partir de uma desconstrução. O romance (ou novela) se estrutura a partir da catástrofe. É uma obra de linguagem que se efetiva a partir da negação da linguagem convencional. Por isto diz a autora no meio do livro: "Sei – por meu próprio e único testemunho – que no início desse meu trabalho de procura eu não tinha a mais fraca ideia da espécie de linguagem que me seria revelada aos poucos até que eu pudesse um dia chegar a Constantinopla."

Noutra parte, reaprendendo a falar com Deus, considera: "E para falar com Deus devo juntar sílabas desconexas."

Constata-se, então, que nos três níveis de uma análise estrutural, narração, personagens e lingua(gem), ocorre o oximoro. No nível da personagem, por exemplo, o confronto entre a mulher e a barata – formas aparentemente conflitantes, mas que se solidarizam na mesma dramaticidade. E, finalmente, no nível da lingua(gem), repete-se a estrutura dos absurdos e paradoxos, com frases, às vezes, lógica e gramaticalmente "catastróficas", porque subvertem o solo linguístico tradicional. Por exemplo:

"Eu quero o que te amo"
"Era finalmente agora."
"Assim se morre sem se saber para onde."

Essas frases, contudo, estão carregadas da lógica/ilógica da narrativa, e o leitor as entende no curso da história, porque há muito já entrou no universo de estranheza da autora.

Por isso, em resumo, pode-se dizer que *A paixão segundo G.H.* é um antirromance, com antipersonagens, numa antilíngua. E é a partir daí que passa a ter vida.

O efeito da negação – nomeemos assim esse recurso de estilo e pensamento – pode ser ainda microscopicamente localizado no interior de algumas palavras por meio dos prefixos "des-" e "in-", onde a ideia aparece sugerindo num nível a negação, mas reafirmando algo, por outro lado. É como se a autora estivesse dialeticamente numa absurda viagem de descoberta, como Colombo, do Oriente para o Ocidente, a contrapelo da lógica dos mapas:

> A perdição me guiando, só o *des*caminho me guiando.
> A *des*personalização como a grande objetivação de si mesmo.
> A gradual *des*eroização de si mesmo.
> *Des*istir é a escolha mais sagrada de uma vida.
> Terei a coragem de usar um coração *des*protegido.

Tal efeito é tão insistentemente usado quanto o prefixo "in-" revelando o avesso, negação: "ininterrupção", "inalcançável", "inesperado", "imobilizado", "inextricável", "inatingível", "insípido", "inexprimível", "inexorabilidade", "impossível", "indeterminável", "indiferença", "inquietantemente", "ininterrupto", "impalpável", "indizível", "independia", "irremediável" etc.

Às vezes acumula-se em um parágrafo a mesma negação intensiva:

> E se pressentimos, é também porque nós nos sentimos *in*quietantemente usados por Deus, sentimos *in*quietantemente que estamos sendo usados com um prazer *in*tenso e *in*interrupto – aliás, a nossa salvação por enquanto tem sido a de pelo menos sermos usados, não como *in*úteis, somos *in*tensivamente aproveitados por Deus: corpo e alma e vida são para isso: para a *in*tertroca e o êxtase de alguém. *In*quietos, sentimos que estamos sendo usados a cada instante, mas isto acorda em nós o *in*quietante desejo de também usar.

Esse "uso" (para usar a semântica da autora) tão intensivo da negação atinge um nível identificado com a dialética: da negação da negação. Ou seja, um processo no qual "menos" mais outro "menos" somam "mais", como na matemática. A negação dupla que termina por ser uma afirmação. Tal é a força absurda dos paradoxos e oximoros. Por isso é que essa antinarrativa se converte numa narrativa, essa antipersonagem numa personagem e essa antilingua(gem) numa lingua(gem).

E assim vamos nos aproximando do fim do trajeto crítico. Não sem antes apontar o seguinte: o trajeto da personagem, em seu desenvolvimento a contrapelo, pode ser considerado de duas maneiras. Primeiramente como um processo de "deseroização" e, em segundo lugar, como uma vocação para a "vida neutra", que se situa no nível da *homeostasis*.

A "deseroização" é uma palavra significativamente inventada pela autora.

O prefixo "des-" não apaga o sentido do "herói", apenas o modifica. É uma outra definição dos "trabalhos" da personagem. Pois o que se procura no espaço da liminaridade e da catástrofe é a revitalização através da dialética dos oximoros. Por isto a narradora diz:

> A gradual deseroização de si mesmo é o verdadeiro trabalho que se elabora sob o aparente trabalho [...]

A deseroização é o grande fracasso de uma vida. Nem todos chegam a fracassar porque é tão trabalhoso, é preciso antes subir penosamente até enfim atingir a altura de poder cair [...].

Assim como os heróis "caem" descendo aos infernos, G.H. "cai" metamorfoseando-se na barata, vivendo ambiguamente o grotesco e o sublime. Ocorre aí o que a autora chama de "despersonalização": "A despersonalização como a grande objetivação de si mesmo."

Com efeito, esse processo de "deseroização" e "despersonalização" é lento e gradual. Tecnicamente ele passa por aquilo que em análise literária e antropológica se chama *código dos sentidos*. Ou seja: o trajeto mitológico e convencional de herói implica sua habilidade em decodificar as mensagens que lhe são enviadas aos sentidos: visão, tato, paladar etc. De sua capacidade em depreender mensagens implícitas vêm suas possibilidades de sucesso diante dos dragões inimigos. A história de todo herói é, portanto, a história de suas percepções e sua consequente capacidade de reação.

No caso da nossa anti-heroína o trabalho é inverso. Ela aguça os sentidos, num primeiro momento, mas se dá conta de que só atingirá o núcleo da percepção se também não se deixar iludir por eles. Então, num primeiro momento, ela cruza esses sentidos, misturando um com o outro num trabalho de sinestesia (que é uma das formas do oximoro) e, depois, busca a "neutralidade" dos próprios sentidos como forma de superá-los. E a palavra "neutro" vai se repetindo assim como a palavra "atonal" e outras como "insosso", "inexpressivo" e "silêncio", reveladoras todas de uma vocação para a vida mínima, "essa coisa viva que não tem nome, nem gosto, nem cheiro. Insipidez: o gosto agora não passava de um travo: o meu próprio travo". Quando essa vida de grau zero se manifesta é que ela se dá conta que "até então meus sentidos estavam mudos para o gosto das coisas".

Existe, significativamente, uma relação entre essa busca de *homeostasis* e o *princípio do Nirvana*, dado por Freud. E reativando a técnica da intertextualidade a que me referi no princípio deste trabalho, cito um trabalho meu onde este assunto é tratado de maneira congeminada com o de Clarice:

> Aspirando a essa inatividade, a esse descanso, a esse sono perfeito, o *princípio do Nirvana* se apresenta como irmão gêmeo da própria morte, mas ainda é vida, e vida sem perigo de morte. A isso, segundo Norman Brown, biologicamente se chama "homeostasis": uma aspiração do organismo por atingir a inatividade, eliminar todas as tensões e um metabolismo sem desgaste. Esse estágio seria o objetivo final daquele que consciente e inconscientemente se entregou ao "princípio da repetição compulsiva" por meio da prática do "princípio do prazer" via atividade poética.[13]

---

13 Sant'Anna, Affonso Romano de. *Carlos Drummond de Andrade: Análise da obra*. Rio de Janeiro: Ed. Nova Fronteira, 1982, p.253.

Até mesmo de um ponto de vista estético isto ocorre com este texto, pois num dos capítulos centrais a narradora disserta sobre um certo minimalismo presente em seu modo de escrever. Ela confirma que está procurando as "formas negativas" em arte, o "atonal", o "inexpressivo". Mas o está fazendo dentro da estrutura do oximoro, pois procura o "atonal exasperado" e o "inexpressivo vibrante", pois sabe que "só voa o que tem peso".

Há um minimalismo nessa obra. Mas um minimalismo excessivo.

Um minimalismo excessivo e da exuberância. Exuberância do excesso de vida interior. Vida interior sempre em ritmo de consciência catastrófica. Catastrófica e epifanicamente restaurada. Restaurada pela tensão dialética entre o número 1 e o número 2 (a mulher e a barata), dispensada a terceira perna da razão ordinária. Razão ordinária que o crítico não consegue abandonar. Por isto, ao invés de ficar sobre a pureza do número 2, suficiente em sua pequenez infinita, lança mão de tríades *sintagmáticas* e modelos que tais para expor o interno rito de passagem e a "deseroização" de G.H.

Nesse sentido, toda análise é um oximoro intransponível onde o fracasso e o êxito se mesclam. O sucesso total seria a total paráfrase do texto original num jogo minimalista de espelhos. Sem excessos. Perfeito.

Mas como toda análise é também um gesto de amor, posso concluir que esta abordagem crítica poderia chamar-

-se, como disse no princípio, "A barata". Outro nome possível é "O assassinato da barata". E também "Como matar baratas". Fiz então várias abordagens, verdadeiras porque nenhuma delas mente à crítica. São várias possibilidades, mas poderiam ser mil e uma, recomeçando sempre, como no mito de Scheherazade.

Crônicas

A seguir, temos algumas das crônicas sobre Clarice Lispector que selecionei entre as que publiquei. As três primeiras ("Sete anos sem Clarice",[1] "Carta para Clarice"[2] e "Os cabelos de Clarice"[3]) são recordações, histórias sobre ela. As três últimas são crônicas em que retomei palavras de Clarice para dizer outras coisas.

Em "O lápis e a folha em branco" desdobro a situação do escritor (jovem ou não) que tem um lápis na mão e o desafio da página em branco. Muitas vezes encaminhei essa crônica como forma de conversar com escritores mais jovens sobre a perplexidade da criação.

---

1 Publicado originalmente em *A mulher madura* (Ed. Rocco, 1986).
2 Publicado originalmente em *O Globo* (17 nov. 2011).
3 Publicado originalmente em *O Globo* (21 maio 2005).

Em "Palavras que atrapalham e ajudam a viver" usei uma frase (um pensamento) de Clarice para comentar uma situação em que pessoas comuns – não escritores – se encontram quando escravizadas a certas palavras.

Em "Diálogo imaginário" utilizei novamente um texto de *A maçã no escuro* que sempre me fascinou. Já o havia utilizado outras vezes, como na crônica "Não ter esperança é um luxo" (*Jornal do Brasil*, 20 dez. 1987) quando comentava o desalento em que os brasileiros se encontravam naquela instável década que foi chamada por muitos de "a década perdida".

Retomei aquele mesmo texto, fazendo desta vez uma paráfrase aplicável aos descaminhos da arte em nossos dias, e o publiquei primeiro como crônica e depois como parte do livro *Descontruir Duchamp* (Vieira & Lent, 2003).

Sete anos sem Clarice

Há exatamente sete anos morria Clarice Lispector. Sete é um número mágico, como mágica era a literatura de minha amiga. Por isso não lhe faço uma crônica triste, mas me ponho a relembrar histórias engraçadas onde ela aparece com sua atordoada pureza.

Em 1974, a convidei para assistir ao I Encontro Nacional de Literatura na PUC-RJ. Ali estavam os principais mestres do país. Era a primeira vez em decênios que os teóricos e professores se punham juntos e, dessa vez, para dar um balanço nas contribuições estruturalistas ao estudo da linguagem. As discussões eram quentíssimas e esotéricas para o grande público. E Clarice ali no meio. De repente, quando José Guilherme Merquior e Luiz Costa Lima terçavam armas, desfiando incomensurável e sapiente bibliografia, Clarice se levanta abruptamente e vai para casa. Preocupado, mais tarde lhe telefono e ela me diz: – Olha, não estava entendendo nada, e aquela discussão foi me dando uma fome, uma fome tamanha, que vim para casa e comi uma galinha inteira.

Outra vez a convidamos para um depoimento num curso de criação literária, onde já haviam estado Pedro Nava, José Rubem Fonseca, Nélida Piñon, Antonio Carlos Villaça e outros. Ela quase não falou. Ficou ali com seu ar de pantera acuada. E as duas ou três frases que disse foram tão definitivas e carregadas que saiu todo mundo eletrizado da sala. Não era exatamente uma conferencista e me confessou que tinha escrito uma única conferência que fazia em todos os lugares, com pouquíssimas alterações. Mas num curso do professor Amariles Hill, certa feita, estava ela lá diante da turma. Eu cheguei atrasado e fiquei desnorteado com o silêncio constrangedor na sala. Ela olhando a turma sem dizer palavra. E a turma atemorizada diante do monstro sagrado. De repente, um aluno ousou uma daquelas perguntas inteligentes, indagando se o personagem Ulisses, de um de seus livros, não teria relação com o personagem de Homero e com o de Joyce. Era uma pergunta ampla, longa, inteligentíssima. E ela monossilabicamente respondeu: – Não. Ulisses era um professor de Filosofia que conheci na Suíça.

Já que o clima era totalmente surrealista e fazia sucesso uma canção na voz de Gal, "Tudo certo como dois e dois são cinco", perguntei-lhe para quebrar o gelo: – Clarice, você acha que dois e dois são cinco? – Ela sorri aliviada e me sai com essa piada: – Vocês sabem a diferença entre um neurótico e um psicótico? O psicótico diz: dois e dois são cinco, e o neurótico afirma: dois e dois são quatro, mas eu não aguento.

Clarice era imprevista. Convidada para um jantar formal em Brasília, resolve pedir à dona da casa justamente a única coisa que não existia – um copo de leite. E quando a anfitriã despacha o chofer para ir ordenhar o leite em algum bar longínquo, Clarice desiste da espera e vai para casa. Era uma pessoa muito especial e seus amigos tudo lhe permitiam porque sabiam estar convivendo com uma das maiores escritoras de seu tempo. E como era imprevista, um dia me telefona, dizendo que não sabia mais escrever. Queria conversar, saber o que estava acontecendo nas outras literaturas. Naturalmente desconversei, porque sei que isso é crise que todo escritor tem. Depois soube que tinha a mesma conversa com seu cabeleireiro, o famoso Renault.

Gostava de mistérios, fazia cursos de esoterismo e tornou-se cliente de minha cartomante de confiança, no Méier. Mas foi na Colômbia que participou de um congresso de bruxarias, representando o Brasil. Seu sortilégio foi ler o sofisticadíssimo conto "O ovo". E ante o pasmo da audiência, solenemente concluiu: – Não entenderam? Nem eu.

A conheci irresistivelmente bela e sólida, em 1962, em Belo Horizonte, quando eu era estudante. Mais tarde no

Rio, mais amigos, mostrou-me os originais dos invejáveis contos que escreveu aos 14 anos. Era uma escritora que nasceu pronta. Fui dos últimos a vê-la no hospital antes daquele 9 de dezembro de 1977. Minha amiga era muito especial. Se misturava mágica e sedutoramente às figuras que criava. A literatura era a sua carne e osso. Daí aquela pungente e verdadeira frase que, prestes a expirar, disse ao médico: – Você matou o meu personagem.

9 DE DEZEMBRO DE 1984

Carta para Clarice

Clarice, querida,

Fernando acaba de publicar as cartas que você e ele trocaram entre 1946 e 1969. O livro virou um sucesso imediato. Já vai para a 2ª edição, e Sabino está numa felicidade de juntar menino. Ele merece. Andou meio recluso nos últimos anos. E assim como tem gente que tem dedo verde e outros, o toque de Midas, ele tem essa virtude: o que publica é *best-seller*. De maneira que você ia achar estranho que aquelas coisas tão pessoais, aquelas elocubrações sobre a vida e a arte, pudessem cerca de 50 anos depois vir a público, e mais: deixar as pessoas fascinadas.

Fascinadas e invejosas. Invejosas de uma inveja construtiva, é claro, como a minha. Fui lendo o que vocês se escreveram e pensando que o livro serve a vários tipos de leitores. Para o escritor jovem é uma humilde e sucessiva aula de como escritores da dimensão de vocês sofrem para achar seu caminho e elaborar a obra. Instrutivo aquilo que Fernando considera como " tentações da facilidade" no fazer literário e as ironias sobre o "escritor muito inteligente".

Para o escritor já maduro é oportunidade de compartir angústias que também teve (e tem), como se estivesse numa Santa Ceia literária. Vocês mesmo ficam pasmos quando descobrem que um Julien Green em seu diário havia dito coisas sobre a escrita e a morte que eram iguais às que pensavam ser só suas. Finalmente, o livro vai interessar a um público que não é nem de jovens nem de velhos escritores, mas de pessoas sensíveis que acompanham o que Fernando chama de "movimentos simulados" da alma humana.

A primeira coisa que pensei foi essa: como é que esses dois danadinhos, Fernando com 23 anos, você com 26, já tinham tal maturidade e responsabilidade diante do fenômeno da criação e do compromisso literário? Nesse sentido, o volume de *Cartas perto do coração*, remete a *Cartas a um jovem escritor*, que Fernando publicou em 1982, reunindo missivas que Mário de Andrade lhe enviou. Mas que sortudo esse Fernando. Aliás, não é sorte, eu sei. Que aguda percepção dele estabelecer esse diálogo com duas pessoas de tão alta estirpe criativa.

Imagino um proustiano apaixonado lendo naquela sua carta de Paris que

> a Albertine de Proust ainda existe e tem um restaurante, só que Albertine é um Albertino, sempre foi, e hoje está bem gordo, com grandes bigodes. Albertino era um rapazinho, empregado no hotel Ritz, e Proust fez uma ótima transposição, colocando o caso todo com uma mulher.

Engraçado que às vezes, sobretudo nas primeiras cartas, vocês passaram-me a impressão de que a força criativa borbulhava juvenilmente de tal modo que essas cartas se transformavam em crônicas, pedaços de poemas, diário e experimentação de linguagem. Claro que há algumas cartas mais informativas. Mas há também aquelas anotações curiosas, imagine! Trinta páginas de cortes e alterações que Fernando sugeriu para *A maçã no escuro*. Ah! se todo escritor pudesse ter um amigo que fizesse esse laboratório de textos.

Fernando já havia em outro livro – *O tabuleiro de damas*, por exemplo – traçado o percurso de sua formação intelectual. Mas quanto a você, Clarice, as coisas estão esparsas em entrevistas e em muitas teses e biografias. Mas essas cartas tornam mais claro o percurso de cada um, e em seu caso, interessante saber de músicas que ouvia, teatros a que ia, exposições que viu, gente que foi encontrando. Engraçada aquela sua insistência em querer assinar as crônicas na *Manchete* com o pseudônimo de Teresa Quadros. E é sintomático que vocês dois, lá pelas tantas, debruçam-se sobre *A Imitação de Cristo*.

E os projetos começados e abandonados? Livros esboçados e metamorfoseados? São inúmeros. Mas uma coisa, entre tantas, foi-se desenhando em minha cabeça: como o ano de 1956 foi importante em nossa literatura. Vocês dois (e as pessoas sensíveis do país) ficaram então estatelados diante da genialidade do recém-lançado *Grande sertão: veredas*. Mas naquele ano surgiu também *O encontro marcado*, de Fernando, que você comenta amorosamente, dizendo-se pertencer também àquela geração. Mas interessante é que seu *A maçã no escuro* foi terminado também em 1956, embora só viesse a público em 1961. E você diz: "É curioso como seu livro e o meu têm a mesma raiz". E mais: "Fernando, o fato de você ter escrito este livro e eu ter escrito o meu, não é começo de maturidade?". Por isso é que penso que 1956 é um ano realmente singular. Seria deliciosamente instrutivo fazer uma leitura desses dois livros, assinalando como ambos, sem misticismo, tratam o fazer artístico como uma questão de "salvação" e perdição".

De resto, minha querida, vendo em suas cartas as dificuldades que tinha para publicar seus livros, informo-lhe que seus livros estão arrasando em vários países, e ainda agora uma tradutora minha na Eslovênia me diz que quer traduzir suas cartas e o Othon Bastos me revelou que quer fazer um espetáculo com esta admirável correspondência com o Sabino, aquele que nasceu homem e cada vez fica mais menino.

Seu, ARS

Os cabelos de Clarice

Uma mecha dos cabelos de Clarice Lispector está lá na seção de obras raras da Biblioteca Nacional, esperando que um dia a crítica literária e a genética avancem tanto que se possa ter alguma explicação complementar para a genialidade de sua obra.

Talvez eu esteja brincando, talvez não. Afinal, muitas das proféticas e literárias brincadeiras de Júlio Verne se realizaram. E, em tempos de promissoras células--tronco, o impossível é possível.

O fato é que tais cabelos devem estar lá. E penso nisso agora porque me contam que faleceu há alguns meses, lá no Mosteiro Beneditino da Ressureição, em Ponta Grossa, o querido e divertidíssimo Antônio Salles.

Foi ele quem me trouxe os cabelos de Clarice. E esta insólita história, como insólito era tudo o que cercava a escritora, ocorreu quando dirigi a Biblioteca Nacional

(1990-1996). Ora se deu que um dia fui surpreendido pelo senhor Valdir, responsável da seção de obras raras, com a informação de que ali, numa das pastas, havia nada mais nada menos que alguns pelos púbicos de Dom Pedro I. Sim, senhoras e senhores! O nosso augusto imperador anexou alguns de seus pentelhos numa carta à sua amante, creio que à Marquesa de Santos, demonstrando assim a sua potente saudade amorosa. Do que se deduzia do texto, o valoroso soldado que proclamou nossa independência estava com aquilo que hoje se chama de doença sexualmente transmissível e, não podendo estar pessoalmente com sua amada, descabelava-se nessa missiva para externar sua paixão. (Por sinal, estive outro dia na casa de Jocy de Oliveira, lá em Pedra de Guaratiba, e nossa compositora de música contemporânea de fama internacional afirmou-me que aquela mansão, de onde se avista a restinga da Marambaia, tinha sido o "ninho de amores" de Dom Pedro I e da marquesa).

Pois bem. Tornou-se pública notícia de que os pelos púbicos do imperador estavam em nossa biblioteca. Deixou de ser um fato erótico imperial para virar imperiosa notícia nos jornais. Com efeito, não é todo dia que se encontra tal achado tanto no Oriente quanto no Ocidente, e não creio que exista algo semelhante de Pedro, o Grande, nos arquivos russos, ou de John Kennedy, em Washington.

Portanto, aquela notícia saiu no Zózimo, apareceu no Jô Soares, e, por coincidência, Antônio Salles, tomando conhecimento dela, telefonou-me. Eu estava há tempos tentando atraí-lo para trabalhar na Biblioteca Nacional. Como não tinha verba nem quadro suficiente de funcionários, conseguia com várias instituições que seus funcionários fossem cedidos àquela casa. E nada melhor que um monge beneditino para beneditinamente trabalhar sobre antiquíssimos documentos. Eu não sabia que meu amigo estava numa ordem com princípios severos. Como me disse numa carta onde revelava estar traduzindo para o português a obra de João Cassiano, um religioso do século IV: "Infelizmente é impossível aceitar seu honroso convite; nós temos uma coisa chamada voto de estabilidade, isto é, no mosteiro em que se fixa, aí se morre. Até o cadáver é do mosteiro, e não da família. A vida aqui começa às 4h15 da manhã e vai até 22h, podendo, porém quem desejar, dormir às 20h30". E fazia-me essa outra surpreendente e literária revelação: "Eu tenho aqui comigo uma mecha dos cabelos de Clarice, será que a BN aceitaria essa peça rara?"

Ora, se tínhamos pelos púbicos do imperador, como recusar os da imperatriz de nossa literatura?

Nessas alturas, Salles já havia assumido o hábito dos beneditinos. Mas antes fora professor de Filologia, Português e Latim, dos mais brilhantes, em Belo Horizonte, onde o conheci. Lecionou também na França e nos Estados Unidos, onde de novo o reencontrei na Universidade de Wisconsin. Era uma pessoa imprevisivelmente adorável. Claro que Clarice sucumbiu às suas graças. Ele traduziu e cantava em latim músicas como "Ó jardineira / por que estás tão triste / Mas o que foi que te aconteceu? (*"O horticultrix / cur tam tristeis es / quid autem tibi / acciderit"*); ou então a marchinha, "Sassaricando / todo mundo / leva a vida / no arame (*"Sassaricantes / ommes gentes / dgent vitam / in filo ferreo"*) etc. Ex-seminarista, vivia passando telegramas, espinafrando Sua Santidade, o papa, e aprontava inventivas festas em seus apartamentos, catando transeuntes na rua, seja em Brasília ou Nova York.

Como conseguiu os cabelos de Clarice?

Passava ele pelo Rio e, como havia se tornado amigo de Clarice, telefonou-lhe perguntando se queria sair para jantar. Ela respondeu-lhe que estava ocupada, escrevendo uma carta para Paulo Mendes Campos, mas que ele passasse pela casa dela, que depois poderiam ir deixar a carta para o Paulinho, na Globo. No apartamento da escritora, Salles ficou brincando com o cão, Ulisses, o mesmo que arrancou um naco do rosto da poeta Maria do Carmo Ferreira quando esta visitou também a escritora.

Pois Clarice e Salles saíram, foram à Globo e deixaram lá a carta. Feito isto, Salles pergunta a Clarice se ela não gostaria de acompanhá-lo à casa de seu amigo e professor Celso Cunha. Clarice disse-lhe que ficava "intimidada de ir à casa de tão ilustre figura", mas Salles adiantou que a família do inesquecível professor era ótima, grande, desconstraída, mineiros de Teófilo Otoni etc. Não havia o que temer.

Daqui para a frente, cedo a palavra ao próprio Salles, que redigiu um documento-testemunho de quatro páginas que lhe solicitei e que está lá na BN:

Logo ao entrar, Clarice viu a filha de Celso, Clara, que estava muito bonita de cabelos com um corte lindíssimo. Clarice mal cumprimentou as pessoas, foi logo dizendo que queria cortar os cabelos da mesmíssima maneira. Cenira prometeu o endereço do cabeleireiro. Mas ela disse: "Não! Tenho de cortar o cabelo AGORA!" E não houve jeito. Cenira e Clara levaram Clarice ao banheiro, apavoradas, e deram uns cortes nos cabelos de nossa amiga, que ficou satisfeitíssima. Não sei explicar, mas uma força interior me fez apanhar uma pequena mecha que é a que lhe passei como doação à Biblioteca Nacional, que guarda outras mechas famosas.

O lápis e a folha em branco

O que é necessário para uma pessoa ser escritora? Pergunta simples. Resposta complexa.

Clarice Lispector, no fabuloso *A maçã no escuro*, nos diz algo a respeito. Algo, não muito. E ter a coragem e a competência para ler, mastigar, ruminar esse manual de escrita e da vida, que é esse livro, é já um teste para quem se pensa escritor. Verdade é que o bom leitor, o que não quer necessariamente ser escritor, mas que se escreve e se inscreve nos livros alheios, esse vai ter também aí a prova de suas habilidades.

O que nos diz Clarice?

Mais ou menos no meio do romance, o personagem Martim tem um impulso de escrever. Esse impulso, esclareça-se, surge numa progressão de descobertas de sua relação com o mundo: "Como um homem que fecha a porta e sai, e é domingo. Domingo era o descampado de um homem". Ele já havia iniciado um aprendizado de observar e interpretar o seu entorno. Principiou pelo mais simples, pelo mundo mineral e vegetal. Reaprendeu a ver a natureza dentro e fora de si mesmo: as pedras, os pássaros, as vacas na fazenda. Já reaprendera a ver as roseiras, as abelhas, as samambaias e a surpreender a singularidade pungente e alarmante que cada objeto ou criatura tem. Já se aproximara de seu semelhante, estava descobrindo a mulher e o amor. Portanto, fora um longo trajeto de reelaboração interior articulado com a redescoberta do mundo.

Numa noite, dando sequência a esse percurso de pequenas epifanias, ele teve estranha necessidade de escrever: "Nessa noite, pois, ele acendeu a lamparina, pôs os óculos, pegou uma folha de papel, um lápis; e como um escolar sentou-se na cama. Tivera a sensata ideia de pôr ordem nos pensamentos e resumir os resultados a que chegara nessa tarde – uma vez que nessa tarde ele finalmente entendera o que queria. E agora, assim como aprendera a calcular com números, dispôs-se a calcular com palavras".

Martim, no entanto, começa a ter algumas supresas e dificuldades: "Ele não sabia que para escrever era preciso começar por se abster da força e apresentar-se à tarefa como quem nada quer". Surge, então, uma série de pequenos desconfortos até físicos que os criadores sentem nessa circunstância. Alguns, na hora de escrever, começam a se distrair involuntariamente. Resolvem dar um telefonema. Levantam-se para ir pegar água na geladeira. E querendo e precisando escrever, mas disfarçando a necessidade, começam a arrumar objetos que os cercam.

Como todo ato de criar, escrever (às vezes até mesmo uma simples carta, relatório ou trabalho escolar) é colocar-se na borda do abismo. Martim

> [...] hesitava e mordia a ponta do lápis [...] de novo revirou o lápis, duvidava e de novo duvidava, com um respeito inesperado pela palavra escrita. Parecia-lhe que aquilo que lançasse no papel ficaria definitivo, ele não teve o desplante de rabiscar a primeira palavra. Tinha a impressão defensiva de que, mal escrevesse a primeira palavra, e seria tarde demais.

Ler Clarice, minhas amigas e amigos, é uma das angustiantes e deliciosas responsabilidades da vida intelectual. Lamento não poder reencenar aqui a densidade verbal do que ela segue narrando naquele livro. Seu personagem segue sofrendo para encontrar seu canal de expressão: "tudo o que lhe parecera pronto a ser dito evaporava-se, agora que ele queria dizê-lo". E "de repente se sentiu singelamente acanhado diante do papel branco como se sua tarefa não fosse apenas a de anotar o que já existia, mas a de criar algo a existir".

Em meio às dificuldades em realizar algo que anteriormente lhe parecera tão simples, indaga-se o personagem se

[...] teria havido um erro no modo como ele se sentara na cama ou talvez no modo de segurar o lápis, um erro que o depusera diante de uma dificuldade maior do que ele merecera ou aspirava? Ele mais parecia estar esperando que alguma coisa lhe fosse dada do que dele próprio fosse sair alguma coisa, e então penosamente esperava.

Enfim, ajeitando e reajeitando-se física e animicamente,

[...] como um dócil analfabeto estava na situação de pedir a alguém: escreva uma carta para minha mãe dizendo o que penso. "Afinal que é que está acontecendo?". Inquietou-se de repente. Pegara no lápis com a modesta intenção de anotar seus pensamentos para que se tornassem mais claros, fora apenas isso que pretendera! Reinvidicou irritado, e não merecia tanta dificuldade.

E a autora vai enfatizando aqui e ali: "desolado, ele provocara a grande solidão. E, como um velho que não aprendeu a ler, ele mediu a distância que o separava da palavra". Surge, então, dentro do texto de Clarice, a observação mais simples e aterradora em relação ao gesto da escrita: "Que esperava com a mão pronta? Pois tinha uma experiência, tinha um lápis e um papel, tinha a intenção e o desejo – ninguém nunca teve mais que isto".
Um lápis e um papel. E a tremenda solidão e responsabilidade. O abismo. Abismo onde se perder e se reencontrar. Onde outros se perdem e se reencontram através da escrita alheia.

O romance de Clarice é uma alegoria não só sobre o processo de criação e recriação do indivíduo, mas uma alusão à trajetória de qualquer criatura que queira assumir o embate e a alteridade entre o eu e o outro, entre o eu e o mundo. O leitor visceralmente leitor, que não escritor explícito, aprenderá aí a fazer uma releitura de seu espanto e perplexidade diante da vida. E quem é escritor, quem carece não apenas de embarcar e viajar nas palavras alheias, mas de construir, elaborar o seu próprio discurso, esse encontrará aí pistas e trilhas, mas sobretudo o consolo de descobrir essa realidade que funciona como desafio: "um lápis e uma folha em branco – nunca ninguém teve mais que isto".

Palavras que atrapalham e ajudam a viver

Uma personagem de Clarice Lispector indaga: "Você sabe que a pessoa pode encalhar numa palavra e perder anos de vida?".

Vejam só: encalhar numa palavra. A pessoa vai no seu barquinho vida adentro e, de repente, encalha numa palavra. Pode ser "marxismo", "Deus", "pai", "vanguarda", "revolução", "Paris", "aposentadoria". As palavras são paralisantes. O Brasil, por exemplo, no princípio do século, estava encalhado na "febre amarela". Nos últimos anos, reencalhou na "ditadura" e na "censura". Tem hora que encalha na "inflação". Agora encalhou no "desemprego". E está difícil desencalhar da "reforma agrária", da "corrupção" e do "subdesenvolvimento".

Os escritores, sobretudo, encalham muito nas palavras. João Cabral referia-se a Graciliano Ramos como um homem "com as mesmas vinte palavras, girando ao redor do sol". Joyce, com *Ulisses* e *Finnegans Wake*, encalhou titanicamente numa região cheia de palavrosos *icebergs*. Alguns poetas que conheço estão há 50 anos engastalhados em palavras como "Pound", "ideograma", "morte do verso", "Joyce", "*un coup de dés*", e não há quem os demova.

Quem leu *O nome da rosa* se lembra que havia lá na biblioteca medieval um texto impossível, envenenado, como o fruto interditado no meio do jardim. É que as palavras, com essa coisa de se plantarem em nossa vida, nos alimentam e nos matam, são remédio e veneno, e, como os produtos de uma farmácia, são drogas que podem sarar ou curar. É uma questão de alquimia verbal saber administrá-las. Aurélio Buarque de Hollanda, que dicionarizava rebanhos de palavras, enfatizando o lado positivo das palavras, me disse um dia: "nós temos que dar oportunidade às palavras". Entendi isso como uma sugestão para a gente se desencalhar e ir desfrutando palavras novas, como o amante que com um novo amor renasce vida afora.

Em algumas culturas certas palavras não podem sequer ser pronunciadas, pois trazem desgraças. Mas em algumas narrativas certos vocábulos abrem grutas, cofres e corações. Sim, algumas palavras ajudam o barco a flutuar: "esperança", "amanhã", "utopia". Pode-se também passar uma estação com algumas delas, como se pode passar uma temporada num determinado lugar, num certo corpo, num certo amor. Certas palavras são como hotéis, nelas fazemos pernoite, mas outras demandam moradia maior, são grutas ou catedrais que exigem contemplação.

Ler é tomar a palavra alheia, vesti-la, habitá-la por certo tempo. Escritor, no entanto, não é aquele que acumula palavras obscuras num museu egoísta ou cofre de erudição, mas quem as troca na bela moeda da emoção.

Eis um bom exercício: tome um lápis e anote as palavras que paralisaram ou fizeram sua vida avançar. Palavras-coisas, palavras-pessoas. Sobre a vida e sobre as palavras há várias teorias, a escolher. Há quem diga que a vida tem que ser palavras em movimento, aquele *work in progress* de que falam os ingleses. Se você encontrar, 20 ou 30 anos depois, uma pessoa fazendo o mesmo discurso, tenha pena, desconfie, é sinal de que a vida dela emperrou. (A menos que seja um discurso de amor.)

Com as palavras, a gente tem de tomar cuidado, pois no primeiro encontro nos libertam, depois nos aprisionam. Há palavras tão duras e montanhosas que nem com trator, só dinamitando. E o fato é que um simples "bom dia" ou "alô" pode salvar uma vida. A psicanálise pretende ser o método da "cura pela fala", mas também pode se tratar pelo ouvido. As palavras ouvidas também curam. Vejam a mãe soprando o dedinho do filho dizendo: "já passou o dodói, pronto".

Viver também é a arte de lidar com as palavras.

E como já disse alguém: "As palavras são caminhos para encontrar as coisas perdidas".

Diálogo imaginário

– Você está consciente, meu filho, do que está fazendo?
– Estou sim, meu pai.
– Você sabia que andam dizendo que você tem piolho, não sabe andar de bicicleta e quer acabar com a arte contemporânea?
– Sei, sim, meu pai.
– Você sabe qual a razão disso, meu filho?
– Desconfio, meu pai.
– Você sabe que nunca deveria ter mexido nesse vespeiro?
– Sei sim, meu pai, mas não resisti.
– Não resistiu por quê, meu filho?
– Porque cansei de hipocrisia, meu pai.
– E que hipocrisia é essa, meu filho?
– Ah, isso de dizer que qualquer coisa que alguém chama de arte é arte.

– Só isso, meu filho?
– Não, meu pai, como dizem lá no tráfico "tá tudo dominado", estão no controle de bienais, galerias, escolas de arte, o diabo a quatro.
– Do diabo a quatro, meu filho?
– É, meu pai, do céu e do inferno, acham que são donos da teoria, praticam o pensamento único, a arte única, aí não aguentei mais.
– Mas você não tem ido a museus, visto exposições, meu filho?
– Tenho, meu pai, e esse é o problema.
– Você sabia que não basta ir a museus, meu filho?
– Sabia, meu pai.
– Você sabia que não basta ler sobre arte, meu filho?
– Sabia, meu pai.
– Você sabia que existem também os burocratas da arte, que controlam os aparelhos culturais?
– Sei sim, meu pai.
– Você estava pronto para ser crucificado, meu filho?
– Estava, meu pai, mas claro que prefiro outras opções.
– Você disse para eles que a história da arte não começa nem termina com Klee, Kandinsky, Malevitch e Duchamp?
– Disse, meu pai.
– Você disse para eles que a arte brasileira também não começa nem termina com Lygia Clark e Hélio Oiticica?
– Disse, meu pai.
– Você sabe que isso é insuportável na religião deles?

– Sei sim, meu pai.

– E o que mais você disse, meu filho?

– Ah, já nem sei, disse que quem ama o feio bonito lhe parece, o que seria do amarelo se não fosse o mau gosto...

– Você sabe que isso está parecendo diálogo de Beckett em *Fim de jogo*, meu filho?

– Sei, meu pai, mas na verdade é uma paródia/paráfrase/apropriação de Clarice Lispector nas últimas páginas de *A maçã no escuro*.

– Você sabe que a vida é um combate que os fracos abate e aos fortes só pode exaltar?

– Sei sim, meu pai.

– Você sabe que essa frase está errada, meu filho?

– Desconfiava, meu pai.

– Você sabe que, ao contrário, o mundo é dos audaciosos, dos arrivistas, dos que acham que qualquer coisa é arte e do Bush?

– Sei sim, meu pai.

– Você sabe que, em vez de dizer a verdade e revelar sentimentos, o que dá certo é fazer alianças para exercer o poder, qualquer que ele seja?

– É o que estou constatando, meu pai.

– Você lhes disse aquela frase de Sócrates, meu filho?

– Sim, meu pai: "A verdade está entre os homens, e não com os homens".

– E eles não entenderam isso, meu filho?

— Acho que não, meu pai, porque Sócrates se referiu aos "homens" e há mulheres nisso.

— Sócrates era pré-feminista, meu filho. Corrija a frase e me diga: "Você sabia que o ser humano é uma porcaria", meu filho?

— Sei sim, meu pai.

— Você sabia que você também é uma porcaria?

— Sei sim, meu pai, mas o senhor inclui aí também o Duchamp e o Warhol?

— Você sabe que pregar a revisão de conceitos e pré-conceitos é tão perigoso quanto ter esperança?

— Sei sim, meu pai.

— O que é que Enzensberger disse sobre a vanguarda e os carneiros, meu filho?

— Que qualquer carneiro do rebanho julga-se carneiro-guia.

— E o que mais, meu filho?

— "Porque me abandonaste se sabias que eu sou fraco, se sabias que não sou Deus"?

— Isso está parecendo Bíblia misturado com Drummond, meu filho, e o que quero saber é se você ainda tem alguma esperança.

— Alguma, meu pai.

— Você está consciente de que com a esperança você nunca mais terá repouso, meu filho?

— Estou sim, meu pai.

– Você está consciente de que, com a esperança, você perderá todas as outras armas, meu filho?
– Estou sim, meu pai.
– E que sem o cinismo você estará nu?
– Sei sim, papai.
– Então você foi dizer para eles que o rei está nu, meu filho?
– Disse, meu pai.
– Mas você não sabia que com isso levaria à falência a alfaiataria do imaginário real?
– Sabia, meu pai.
– Você sabe que uma pessoa pode encalhar numa palavra e perder anos de vida?
– Sei sim, meu pai.
– E você foi dizer a eles que eles encalharam nas palavras "modernidade", "pós-modernidade" e "contemporâneo"? Além de incauto você é muito pretencioso, meu filho.
– Eu sei, meu pai.
– Você está pronto para saber que olhadas de perto as coisas não têm forma, e que olhadas de longe as coisas não são vistas?
– Isso é da Clarice ou de algum crítico de arte, meu pai?
– Cale a boca, meu filho.
– Quer dizer que depois de tudo o que tem visto, então, você ainda tem esperança, meu filho?
– Tenho sim, meu pai.
– Então, vai, meu filho, ordeno-te que sofras a esperança.

APÊNDICE

Entrevista de Clarice Lispector

por Marina Colasanti, Affonso Romano de Sant'Anna e João Salgueiro realizada no Museu da Imagem e do Som (RJ) em 1976

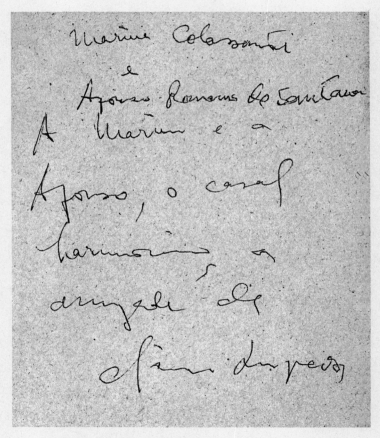

Autógrafo de Clarice a Marina e Affonso em exemplar do livro *Água viva*.
Acervo pessoal de Marina Colasanti e Affonso Romano de Sant'Anna.

Desde o lançamento de seu primeiro livro, Perto do coração selvagem, *em 1943, Clarice Lispector deu grande contribuição à literatura brasileira com seu estilo pessoal e denso. Neste depoimento, colhido no Museu da Imagem e do Som (RJ) em 20 de outubro de 1976, por Affonso Romano de Sant'Anna, Marina Colasanti e João Salgueiro, Clarice fala da última obra que publicou em vida,* A hora da estrela, *e dos caminhos que percorreu até vir a se tornar uma das escritoras mais reconhecidas do país.*

ARS: Clarice, vamos começar com alguns dados biográficos?

Eu nasci na Ucrânia, mas já em fuga. Meus pais pararam em uma aldeia que nem aparece no mapa, chamada Tchetchelnik, para eu nascer, e vieram para o Brasil, onde cheguei com dois meses de idade. De modo que me chamar de estrangeira é bobagem. Eu sou mais brasileira do que russa, obviamente.[1]

---

1 Apesar das versões mais correntes, que dão o ano de 1925 como o do nascimento de Clarice Lispector – dado que ela mesma não faz questão de esclarecer neste depoimento –, diversos documentos pessoais da escritora apontam a data de 10 de dezembro de 1920 como mais exata. Seus pais, Pedro e Marian, tinham parentes nos Estados Unidos e no Brasil, para onde finalmente decidiram vir. Moraram inicialmente em Alagoas, durante três anos, indo depois para Recife.

ARS: As pessoas te chamam de estrangeira por causa do sotaque?

Por causa do "erre". Pensam que é sotaque, mas não é. É língua presa. Poderiam ter cortado, mas é muito difícil, pois é um lugar sempre úmido, então dificilmente cicatrizaria. Agora deixa ficar.

JS: Você tem irmãos, Clarice?

Duas irmãs: Elisa Lispector e Tânia Kaufman. Bem, aqui no Brasil fomos para o Recife... Olha, eu não sabia que era pobre, você sabe?

MC: Você nunca disse isso, inclusive. Eu nunca li isso dito por você.

Não. Eu era muito pobre, filha de imigrantes.

ARS: O que seus pais faziam na Ucrânia?

O meu pai trabalhava na lavoura e, quando chegou no Rio, ele foi trabalhar com representação de firmas.

ARS: Mas havia alguma formação artístico-literária na tua família que tivesse te levado à literatura?

Não. Agora, no dia do casamento do meu filho, Paulo Gurgel Valente, uma meio tia minha, que estava no casamento, chegou junto a mim e me deu a melhor coisa do mundo. Ela disse: "Você sabe que sua mãe escrevia? Ela escrevia diários".

ARS: Você tem notícia de que alguém tenha guardado esses diários?

Não, nada. Minha mãe era paralítica e eu morria de sentimento de culpa, porque pensava que tinha provocado isso quando nasci. Mas disseram que ela já era paralítica antes... Nós éramos bastante pobres. Eu perguntei um dia desses a Elisa, que é a mais velha, se nós passamos fome e ela disse que quase. Havia no Recife, numa praça, um homem que vendia uma laranjada na qual a laranja tinha passado longe. Isso e um pedaço de pão era o nosso almoço.

MC: Você não tinha lembrança disso, Clarice?

Olha, eu não tinha consciência. Eu era tão alegre que escondia de mim a dor de ver minha mãe assim... Eu era tão viva!

MC: Em outros depoimentos e entrevistas, você sempre transmitiu a ideia de uma infância muito despreocupada, muito rica.

Era como eu me sentia. Inclusive, eu morava em um andar de um prédio na praça Maciel Pinheiro, que hoje está tombado, porque é muito bonito e velho mesmo... O que eu dizia mesmo?... Me perdi completamente... Ah, morávamos lá, e eu descia do andar, ficava na porta da escada e, a toda criança que passasse, conforme fosse, porque meu instinto me guiava, eu perguntava: "Quer brincar comigo?". Algumas aceitavam, outras não, e a outras, ainda, eu não perguntava.

MC: Como a menina ruiva com o cachorro basset.[2] Quanto tempo você ficou no Recife, Clarice?

---

2 Marina Colasanti refere-se ao conto "Tentação", publicado em *A legião estrangeira* (Rio de Janeiro: Ed. do Autor, 1964), em que uma menina ruiva, sentada

Até os doze anos de idade.

ARS: E as suas primeiras leituras literárias começaram, mais ou menos, em que época?

Logo que eu aprendi a ler... Bom, antes de aprender a ler e a escrever eu já fabulava. Inclusive, eu inventei com uma amiga minha, meio passiva, uma história que não acabava. Era o ideal, uma história que não acabasse nunca.

ARS: A amiga passiva de quem fala é uma amiga imaginária, não?

Não. Real, mas quieta, que me obedecia. Porque eu era meio liderzinha. A história era assim: eu começava, tudo estava muito difícil; os dois mortos... Então entrava ela e dizia que não estavam tão mortos assim. E aí recomeçava tudo outra vez... Depois, quando eu aprendi a ler, devorava os livros, e pensava que eles eram como árvore, como bicho, coisa que nasce. Não sabia que havia um autor por trás de tudo. Lá pelas tantas eu descobri que era assim e disse: "Isso eu também quero". No *Diário de Pernambuco*, às quintas-feiras, publicavam-se contos infantis. Eu cansava de mandar meus contos, mas nunca publicavam, e eu sabia por quê. Porque os outros diziam assim: "Era uma vez, e isso e aquilo...". E os meus eram sensações.

ARS: Desses contos, você guardou alguma cópia ou publicou em algum outro lugar?

---

numa soleira de porta, tem um repentino e fugaz caso de amor por um cão basset de pelo vermelho.

Não, não guardei nada.
MC: Você também escreveu uma peça de teatro infantil, não é isso?

Quando tinha nove anos, eu vi um espetáculo e, inspirada, em duas folhas de caderno, fiz uma peça em três atos. Não sei como. Escondi atrás da estante porque tinha vergonha de escrever.

ARS: Qual era o nome dessa peça?

E eu me lembro?... Ah, *Pobre menina rica*, que não tem nada a ver com a peça do Vinicius.[3]

ARS: E a sua formação escolar, Clarice? Você ia ao colégio normalmente ou estudava em casa?

Eu estudava no grupo escolar João Ramalho, que é uma escola pública no Recife. Depois, fiz o exame de admissão para o ginásio. Era apertadíssimo, mas passei. Fiz até o terceiro ano lá. Depois, vim para cá [Rio de Janeiro]. Estudei num coleginho vagabundo que dava dez a todo mundo... Quando eu era pequena, era muito reivindicadora dos direitos da pessoa, então diziam que eu seria advogada. Isso me ficou na cabeça e, como eu não tinha orientação de nenhuma espécie sobre o que estudar, fui estudar advocacia.

---

[3] Marcus Vinicius da Cruz e Mello Moraes (1913-1980), poeta, compositor e diplomata carioca. Ainda que de difícil classificação, a obra de Vinicius mantém um acentuado vínculo com a linha modernista, iniciada em 1922. De sua vasta obra, onde se mesclam poemas, crônicas e composições de MPB, poderíamos citar: *Para viver um grande amor* (1962) e *Para uma menina com uma flor* (1966). Ainda em 1962, Vinicius compôs as canções de sua comédia musicada *Pobre menina rica*, que tiveram música de Carlos Lyra.

ARS: Você chegou a entrar para a faculdade?
Entrei e muito bem colocada! E traduzindo latim, que agora nem se usa mais. Mas... perdi o fio de novo.[4]
ARS: Mas você nunca advogou?
Não. No terceiro ano eu reparei que nunca lidaria com papéis e que a minha ideia – veja o absurdo da adolescência – era estudar advocacia para reformar as penitenciárias. Aliás, San Tiago Dantas[5] dizia que quem vai ser advogado por causa de Direito Penal não é advogado: é literato. Então eu vi que aquilo já não me interessava e arranjei um emprego em um jornal. Só terminei o curso porque uma colega minha, que também escrevia e nunca mais escreveu, tinha muita raiva de mim e, por isso, um dia me disse: "Você está escrevendo agora, mas tudo que você começa nunca acaba". Isso me deu um susto e eu depressa acabei o curso. E nem fui à formatura. Eu já estava até casada com o meu ex-marido, Maury Gurgel Valente, que é hoje embaixador do Brasil junto à Alalc, no Uruguai.

---

4 Clarice fez até o terceiro ano no Ginásio Pernambucano e, vindo para o Rio de Janeiro, estudou no colégio Silvio Leite. Fez o curso preparatório de Direito, no colégio Andrews, e passou para a Faculdade Nacional de Direito, da ex--Universidade do Brasil, em quarto lugar.

5 Francisco Clementino de San Tiago Dantas (1911-1964), jurista, professor e político de destaque nacional, foi Ministro das Relações Exteriores e Ministro da Fazenda nos anos 1960. Seus cursos como professor de Direito Civil na FND se tornaram famosos e influenciaram toda uma geração de estudantes. Amigo de Clarice desde essa época, trocou com ela intensa correspondência até o fim da vida.

ARS: Quer dizer que esse curso de Direito não te ajudou a cuidar dos direitos autorais depois?

Não, nada... Pelo contrário, eu era tão livre, não sei nem explicar. E excessivamente sensível, por qualquer coisa eu chorava. E ria, ria como uma doida.

MC: Que jornal foi esse em que você foi trabalhar?

O jornal *A Noite*. Já não existe mais. Eu fazia tudo, menos crime e nota social. Reportagem, entrevista... Depois, eu trabalhei no *Diário da Tarde*, que desapareceu também. Parece que eu fecho os jornais.

ARS: No Diário da Tarde *você fazia todas as seções também?*

Não. No *Diário da Tarde* eu fazia uma página feminina, assinando como Ilka Soares, a atriz. Metade do dinheiro era para ela, metade era para mim. E ela bem que gostava: o nome dela aparecia todos os dias e não tinha trabalho nenhum... Mas era divertido mesmo, a gente consultava muita revista, via o modo de pintar o olho... *(risos)*

ARS: E esses textos já foram coligidos alguma vez? Não os textos de moda ou coisa feminina, mas outros que você tenha escrito.

Não, não.

MC: De uma certa maneira, Clarice, desde que você trabalhou no A Noite, *você tem estado sempre com um pé na imprensa, porque depois você fez o...*

Uma coluna no *Jornal do Brasil*...

MC: Antes disso você fez a revista Senhor, *não é mesmo? Quanto tempo você ficou lá?*

Enquanto durou a revista *Senhor*. Todo mês publicavam alguma coisa minha...[6] Muito antes, quando eu tinha 14 para 15 anos, eu escrevi um conto e levei para uma revista que se chamava *Vamos Ler*, do Raimundo Magalhães Jr. Então, fiquei lá, em pé. Eu era o que sou mesmo, uma tímida arrojada. Eu sou tímida, mas me lanço. Dei o conto para ele ler e disse: "É para o senhor ver se publica". Ele leu, olhou e disse: "Você copiou isso de alguém? Você traduziu isso de alguém?" Eu respondi que não e ele publicou. Depois houve um jornal chamado *Dom Casmurro*, para onde eu levei também algumas coisas, também sem nenhum conhecimento... Aí, eu cheguei lá e eles ficaram encanta-

---

6 Antes do jornal *A Noite*, Clarice trabalhou no jornal dos estudantes da FND, *A Época*. Colaborou também para outras publicações da empresa *A Noite* e fez parte da equipe que criou a revista *Figurino*. Com o pseudônimo de Teresa Quadros, colaborou, nos anos 1950, para a revista *Comício*. Na sua volta ao Brasil, em 1969, além da coluna assinada por Ilka Soares, Clarice fez uma outra chamada *Feira de Utilidades*, sob o pseudônimo de Helen Palmer, no *Correio da Manhã*. Na revista *Senhor* colaborou ainda em Washington, a partir de 1958, até o seu fechamento, em 1963. Depois fez entrevistas para a revista *Manchete*, que foram editadas posteriormente no livro *De corpo inteiro* (Rio de Janeiro: Artenova, 1975) e uma coluna no *Jornal do Brasil*, de 1967 a 1973, reunidas no livro *A descoberta do mundo* (Valente, Paulo Gurgel [Org.]. Rio de Janeiro: Nova Fronteira, 1984).

dos, me acharam linda, que eu tinha a voz mais bonita do mundo e publicaram. Não pagavam nada, é claro.[7]

ARS: É porque o dinheiro corrompe talentos...

Completamente... *(risos)* Os talentos menores...

MC: Desse mal você não morre, Clarice.

ARS: O lançamento do seu primeiro livro, Perto do coração selvagem, *em 1944, causou um certo impacto na crítica brasileira.*

Virgem Maria, se causou. Minha irmã Tânia juntou as críticas, um livro grosso desse tamanho. Eu já estava fora, estava casada...

ARS: Você já estava fora do país?

Não, estava em Belém, no Pará. Publiquei e dez dias depois estava em Belém, quer dizer, sem contato com escritores, e boba com as críticas. Inclusive uma do Sérgio Milliet, que foi o que mudou a opinião do Álvaro Lins. Eu tinha perguntado a ele se valia a pena publicar. Ele então me respondeu: "Telefone daqui a uma semana". Aí eu telefonei e ele disse: "Olha, eu não entendi seu livro, não. Mas fala com o Otto Maria Carpeaux, é capaz dele entender". Eu não falei com ninguém e publiquei assim mesmo. O

---

7 Seis dos primeiros contos de Clarice, escritos entre 1940 e 1941, foram publicados postumamente na primeira parte do livro A bela e a fera (Valente, Paulo Gurgel [Org.]. Rio de Janeiro: Nova Fronteira, 1979). Pode-se observar que estes contos já traziam o germe ou o esboço de histórias e personagens que seriam desenvolvidos posteriormente. Em sua segunda parte, dois contos escritos em 1977: "Um dia a menos" e "A bela e a fera ou A ferida grande demais".

livro havia sido rejeitado pela José Olympio, e essa edição foi um arranjo com *A Noite*. Eu não pagava nada, mas também não ganhava: se houvesse lucro era deles.[8]

MC: *Você partiu para esse livro com uma estrutura de romance já visualizada ou trabalhou primeiro formando pedaços que depois montou num romance?*

Olha... Alguém me dá um cigarro?... Obrigada. Eu tive que descobrir meu método sozinha. Não tinha conhecidos escritores, não tinha nada. Por exemplo, de tarde no trabalho ou na faculdade, me ocorriam ideias e eu dizia: "Tá bem, amanhã de manhã eu escrevo". Sem perceber ainda que, em mim, fundo e forma é uma coisa só. Já vem a frase feita. E assim, enquanto eu deixava "para amanhã", continuava o desespero toda manhã diante do papel em branco. E a ideia? Não tinha mais. Então, eu resolvi tomar nota de tudo o que me ocorria. E contei ao Lúcio Cardoso,[9]

---

8   Álvaro Lins (1912-1970) foi durante muitos anos crítico literário do *Correio da Manhã*, para onde levou Otto Maria Carpeaux (1900-1978), intelectual austríaco recém-chegado ao Brasil. Carpeaux desenvolveu um intenso trabalho de divulgação do que de mais moderno se fazia à época nas letras europeias. Sérgio Milliet (1898-1966), também influente crítico literário, escrevia no jornal *O Estado de S. Paulo*, onde publicou, em 15 de janeiro de 1944, uma elogiosa crítica sobre *Perto do coração selvagem* (Rio de Janeiro: Ed. A Noite, 1943).

9   Lúcio Cardoso (1913-1968). Poeta, romancista e pintor mineiro; autor de, entre outros, *Maleita* (1934), *O anfiteatro* (1946) e *Crônica da casa assassinada* (1959), este considerado pela crítica sua obra-prima, onde joga com uma técnica de montagem de grande efeito estético. Amigo de Clarice desde a época em que trabalharam juntos em *A Noite*, ela fala sobre a sua morte em uma crônica no *Jornal do Brasil*, de 2 de junho de 1973, e observa que ele "fora a pessoa mais importante da minha vida durante a minha adolescência".

que então eu conheci, que eu estava com um montão de notas assim, separadas, para um romance. Ele disse: "Depois faz sentido, uma está ligada à outra". Aí eu fiz. Estas folhas "soltas" deram *Perto do coração selvagem*.

ARS: Ele sugeriu alguma coisa, tecnicamente, em termos específicos da construção do romance?

Não. A coisa é a seguinte: eu misturei as minhas leituras sem a mínima orientação... Havia uma biblioteca popular de aluguel na Rua Rodrigo Silva, na cidade, e eu escolhia os livros pelos títulos. Resultado: misturava Dostoiévski com livro de moça, que hoje não existe mais. Eu tinha lido uns romances, que você nem pegou, de Delly a Ardel...[10]

MC: Como não peguei Delly? Li, e li muito!

Eu lia, e como é que eu passei para o *Perto do coração selvagem* depois dessas leituras? E, de repente, quando fui escrever, não tinha nada a ver com nada do que eu tinha lido. Mas eu tinha que arriscar.

MC: O título Perto do coração selvagem *é tirado de Joyce, se não me engano.*

---

10 M. Delly era o pseudônimo usado pelos irmãos Frédéric Henri Joseph (1876-1949) e Jeanne-Marie Petitjean de la Rosière (1875-1957), autores de numerosos romances sentimentais que alcançaram enorme sucesso popular. Juntamente com os livros de Henri Ardel (1863-1938) e vários outros autores da mesma linha, foram publicados no Brasil, na coleção Biblioteca das Moças, pela Companhia Editora Nacional, entre os anos 1930 e 1950.

É de Joyce sim. Mas eu não tinha lido nada dele. Eu vi essa frase que seria como uma epígrafe e aproveitei.[11]

MC: Porque o Joyce aparece, quer dizer, pode ser ele ou não ser, numa personagem sua chamada Ulisses, e uma vez num depoimento na PUC você disse que não tinha nada a ver com o Ulisses do Joyce, nem com o de Homero, que não havia nenhuma citação escondida aí, e que era apenas um rapaz que você tinha conhecido na Suíça.

Certo. E que tinha se apaixonado por mim. E eu era casada, de modo que ele deu o fora da Suíça e nunca mais voltou. Ele era estudante de Filosofia.

MC: Você tem um cachorro Ulisses, não é?

Tenho um cachorro chamado Ulisses, sim.[12]

---

11 O irlandês James Joyce (1882-1941) é um autor com o qual a ficção de Clarice mantém uma inegável afinidade. *Ulisses* (1922), seu livro mais famoso, causou um profundo impacto na literatura moderna. A epígrafe inicial de *Perto do coração selvagem* foi extraída do livro *Retrato de um artista quando jovem* (1914) e diz o seguinte: "Ele estava só. Estava abandonado, feliz, perto do selvagem coração da vida." (*"He was alone. He was unheeded, happy, and near to the wild heart of life."*).

12 Os animais em geral, e cães e galinhas em particular, foram uma presença marcante na vida e, portanto, na trajetória literária de Clarice. Em um de seus livros infantis, *A mulher que matou os peixes* (Rio de Janeiro: Sabiá, 1969), a personagem narradora, que se chama Clarice, fala do crime que cometeu, ao provocar involuntariamente a morte dos peixinhos vermelhos que criava por esquecer de alimentá-los enquanto escrevia "histórias para gente grande", e discorre demoradamente sobre a sua relação com os bichos. Aí aparecem coelhos, macacos, pintos e muitos cachorros, sendo que o último, Ulisses, talvez tenha sido aquele que maior importância teve para a escritora. Ele irá aparecer em várias de suas obras e no livro infantil *Quase de verdade* (Rio de Janeiro: Rocco, 1978), publicado postumamente, assume o ponto de vista do narrador e diz: "Sou um cachorro chamado Ulisses e minha dona é Clarice."

ARS: *Naquele depoimento, uma aluna havia feito exatamente uma pergunta sobre a origem de seus personagens. Porque ela via uma série de relações entre esse personagem e as características místicas que estariam presentes na* Odisseia *e até mesmo no Joyce.*

Bem, cabe aos críticos fazer as comparações.[13]

ARS: *O que a crítica sempre exaltou no seu trabalho é que você surgiu com um estilo pronto: não era um estilo em progresso. Em* Perto do coração selvagem *você já era Clarice Lispector e era ainda uma menininha de 17, 18 anos.*

Engraçado que eu não tenha tido influências. Já estava guardado dentro de mim. Eu já tinha escrito contos antes disso.

ARS: *Há uma influência que parece que você mesma reconheceu uma vez, se não de influência direta, pelo menos de leitura constante sua, que era* O lobo da estepe, *de Hermann Hesse.*

Isso eu li aos 13 anos. Fiquei feito doida, me deu uma febre danada, e eu comecei a escrever. Escrevi um conto

---

13 A partir da sugestão dos nomes, pode-se estabelecer em *Uma aprendizagem ou o livro dos prazeres* (Rio de Janeiro: Sabiá, 1969) um jogo de referências ou um diálogo com a tradição literária, como já o demonstram os exaustivos ensaios e análises da crítica especializada. Lori é o apelido da personagem Loreley, nome que nos remete à figura da famosa sereia da mitologia germânica, e Ulisses é o nome de Odisseu, aquele que, na epopeia de Homero, viaja e resiste ao canto das sereias, enquanto sua esposa Penélope o espera. Só que em *Uma aprendizagem* os papéis estão trocados ou, pelo menos, oscilam constantemente entre aquele que viaja e o que espera, numa intrincada aventura existencial.

que não acabava mais e que eu não sabia como fazer muito bem, então rasguei e joguei fora.

MC: *Você rasga muita coisa?*

Agora eu aprendi a não rasgar nada. Minha empregada, por exemplo, tem ordem de deixar qualquer pedacinho de papel com alguma coisa escrita lá como está.

ARS: *Porque se não eu ia pedir à USP para colocar um funcionário dentro da tua casa. Ela está comprando os arquivos de todos os escritores brasileiros e, assim, já ficava um funcionário colhendo os teus papeizinhos para adiantar o expediente.*

Não diga? Quanto é que eles pagam?

ARS: *Uma fortuna. Está lá a biblioteca do Mário de Andrade, entre outras. Você podia ter faturado um bom dinheiro.*

Ai meu Deus, eu rasguei tanto.

ARS: *Você pode vender para eles ou vender, em dólar, para as universidades norte-americanas.*

Uma universidade de Boston me escreveu certa vez, pedindo detalhes de minha vida. Eu não respondi, porque tenho muita preguiça de escrever cartas. E havia um amigo a quem disse: "Responde por mim. Diz o que você quiser e diz que eu estou de acordo". Aí, um dia eu recebo um diploma de Boston. Eu tinha sido considerada como fazendo parte da biblioteca da universidade. Nem sei onde está esse negócio.

MC: *Você estava falando que começou escrevendo contos de criança, e de vez em quando você sai com um. Essa é outra atividade paralela que você faz de vez em quando?*

É. Hoje mesmo eu fui entrevistada por quatro meninas de 11 anos do Santo Inácio, com fotografias e perguntas e perguntas por causa do *A mulher que matou os peixes* e se era verdade que eu gostava de bichos. Eu disse: "É claro! Eu também sou bicho!" Depois elas saíram... Me deixaram muito cansada.

MC: *E o que faz que você escreva livros infantis esporadicamente?*

Bom, primeiro, meu filho Paulo, em Washington...

JS: *Quantos filhos você tem?*

Dois. Um está morando com o pai e o outro está casado, mora aqui no Rio, Pedro e Paulo Gurgel Valente. Quando eu estava escrevendo *A maçã no escuro*, em Washington, meu filho Paulo me pediu, em inglês – eu falava português com ele, mas ele falava comigo em inglês –, que escrevesse uma história para ele, e eu respondi: "Depois". Mas ele disse: "Não, agora". Então, tirei o papel da máquina e escrevi *O mistério do coelho pensante*, que é uma história real, uma coisa que ele conhecia. Aí ficou lá. Eu escrevi em inglês para que a empregada pudesse ler para ele, que nessa época não era alfabetizado ainda... Eu já perguntei a um médico se é normal ter tantas ideias ao mesmo tempo e ele me disse que todo mundo tem, por isso que eu me perco. Eu não sei mais o que estava falando... Ah! Aí a história ficou lá. Passado um tempo, um escritor paulista, eu nem sei o nome mais, que organizava livros infantis me perguntou se eu queria fazer ou se eu tinha algum. Eu disse que não.

De repente me lembrei que tinha a história do coelho e que era só traduzir para o português, o que eu mesma fiz.

MC: *Você recebeu um prêmio pelo* Coelho pensante?

Recebi um prêmio de livro do ano, não me lembro qual, como melhor livro de história infantil. Agora eu consegui que a editora Rocco publicasse uma segunda edição.

JS: *O seu segundo livro,* O lustre, *é de 1946, não é?*

É mas, antes mesmo de publicar, eu estava engajada com outra coisa, de modo que eu não sentia essas coisas que depois eu senti muitas vezes: um silêncio horrível, uma exaustão. Ali não. Quando eu escrevi *O lustre,* apesar de ser um livro triste, tive um prazer enorme de escrever.

MC: *Quando a gente estava vindo para cá, você disse que já estava cansada da personagem da novela que você está escrevendo.*

Pois é, de tanto lidar com ela.

MC: *Você fala da personagem como se estivesse falando de uma pessoa existente, que te comanda.*

Mas existe a pessoa, eu vejo a pessoa, e ela se comanda muito. Ela é nordestina e eu tinha que botar para fora um dia o Nordeste que eu vivi. Então estou fazendo, com muita preguiça, porque o que me interessa é anotar. Juntar é chato.[14]

---

14 O livro *A hora da estrela* (Rio de Janeiro: José Olympio, 1977), história de uma pobre e desnutrida alagoana chamada Macabéa, foi publicado pouco antes da morte de Clarice, em 9 de dezembro de 1977. Neste livro ela expõe, agora de forma explícita, algumas das preocupações que foram constantes em suas

APÊNDICE

ARS: Quebrando um pouco a cronologia, o Água viva, *que é um livro bem posterior, dá a impressão de uma coisa fluida e que teve um jorro só de elaboração. Ele não passou por esse processo seu de coletar pedaços? Você foi escrevendo enquanto montou?*

Não, também anotando coisas. Esse livro, *Água viva*, eu passei três anos sem coragem de publicar, achando que era ruim, porque não tinha história, porque não tinha trama. Aí o Álvaro Pacheco leu as primeiras páginas e disse assim: "Esse livro eu vou publicar". Ele publicou e saiu tudo muito bem.[15]

ARS: É um dos seus livros mais transitáveis, para um público médio ou mesmo mais exigente. Na semana passada, eu estava no Recife, com Ariano Suassuna, e ele disse que acha Água viva *um dos melhores textos que ele já leu até hoje.*

Virge Maria! Eu conheço pessoas que leem e odeiam.

ARS: Esse "Virge Maria" é do Nordeste?

"Ó xente!" também... *(risos)*

---

obras: os dilacerantes impasses da criação, as crises de escritura, a relação tensa e problemática entre o autor e sua personagem e a alternância de um fio narrativo que passa constantemente do campo da linguagem para o da metalinguagem. A memória da infância vivida no Recife já fora usada como recurso ficcional em vários contos e crônicas anteriores.

15 Além de *Água viva* (Rio de Janeiro: Artenova, 1973), o editor Álvaro Pacheco publicou outros livros de Clarice: *A imitação da rosa* (1973), *A via crucis do corpo* (1974) e *Onde estivestes de noite* (1974).

MC: Muitos trechos do teu trabalho no Jornal do Brasil *eu reencontrei depois em* Água viva. *Você usava ali muito das tuas anotações, não é?*

Claro! Eu estava escrevendo o livro e detestava fazer crônicas, então eu aproveitava e publicava. E não eram crônicas, eram textos que eu publicava.

MC: O "Children's Corner" era o mesmo processo de você utilizar as tuas anotações, não é Clarice?

Sim, as anotações "Children's Corner" fazem parte do livro *A legião estrangeira*, que traz uma parte de contos e outra de textos, que o Otto Lara Resende disse: "Bota o título *Fundo de gaveta*". O livro foi inteiramente abafado pelo *A paixão segundo G.H.*, que saiu na mesma ocasião. Agora, nessa segunda edição, a Ática quer publicar só os contos e depois as anotações...

ARS: Até me pediram para fazer a introdução desse volume.

Não diga? Ah, faça...

ARS: Mas vão separar agora os contos das crônicas?

Sim, vão separar os contos das crônicas, mas só que o volume das crônicas já não se chama mais *Fundo de gaveta*, que é detestável, chama-se *Para não esquecer*.

ARS: Você vai anexar a esses textos outros textos? Porque quem quiser compreender melhor a possível teoria que você estivesse fazendo sobre a sua própria arte de escrever encontraria nesses textos uma série de elementos. Eles comentaram a sua maneira de ver o mundo e a sua maneira de escrever. Um volume desse, assim se-

parado, seria muito útil para estudantes e para a crítica em geral.

Você tem razão. Eles querem publicar separado, mas seis meses depois de *A legião estrangeira*. Vai ser lá para fins de 77, início de 78.

JS: Clarice, vamos fazer uma cronologia de sua obra: seu primeiro livro foi Perto do coração selvagem, *em 1944; a seguir veio* O lustre, *que já estava até escrito, mas só foi publicado em 46; depois,* A cidade sitiada, *em 1949.*

A cidade sitiada foi, inclusive, um dos meus livros mais difíceis de escrever, porque exigiu uma exegese que eu não sou capaz de fazer. É um livro denso, fechado. Eu estava perseguindo uma coisa e não tinha quem dissesse o que era. San Tiago Dantas abriu o livro, leu e pensou: "Coitada da Clarice, caiu muito". Dois meses depois, ele me contou que, ao ir dormir, quis ler alguma coisa e o pegou. Então, ele me disse: "É o seu melhor livro".

ARS: Qual foi motivação que te levou a escrever esse livro?

É a formação de uma cidade, a formação de um ser humano dentro de uma cidade. Um subúrbio crescendo, um subúrbio com cavalos, tudo tão vital... Construíram uma ponte, construíram tudo e de modo que já não era subúrbio. Então o personagem dá o fora.

ARS: Como foi o processo de criação desse livro? Você partiu de uma ideia determinada ou foi juntando textos também?

Foi tudo meio cegamente... eu elaboro muito inconscientemente. Às vezes, pensam que eu não estou fazendo nada. Estou sentada numa cadeira e fico. Nem eu mesma sei que estou fazendo alguma coisa. De repente, vem uma frase...

MC: *Inclusive você tem um tempo físico de aquecimento, não é? Uma vez você me disse que acorda muito cedo de manhã, praticamente de madrugada, e não vai logo escrever. Fica andando pela casa, tomando café...*

É isso sim. Fico olhando, bobando...

MC: *Fazendo um* cooper *literário interior...* (risos)

Depois de A cidade sitiada veio A maçã no escuro, que foi escrito... Foi engraçado, porque eu escrevi por duas vezes dois livros ao mesmo tempo. Laços de família e A maçã no escuro foram escritos ao mesmo tempo. Eu ia para um conto, escrevia e voltava para A maçã no escuro. Mais tarde, isso aconteceu de novo com um livro que não é grande coisa, Onde estivestes de noite, e não me lembro qual outro, que eu escrevi também ao mesmo tempo.

ARS: *Foi o* A via crucis do corpo?

Não, não foi, não.

ARS: A maçã no escuro *sempre me impressionou muito. Aliás, dos seus livros foi o que mais me impressionou. Lembro que em 1960 ou 61, em torno disso, você foi a Belo Horizonte para uma tarde de autógrafos. Eu tinha publicado um livro de ensaios, ainda como estudante de Letras, e tinha um ensaio sobre ele.*[16] *E lá eu jovialmente insistia com você sobre as raízes do livro. Porque eu achava o livro tão bem estruturado no sentido de...*

Foi o único livro bem estruturado que eu escrevi, eu acho. Se bem que não, *Água viva* segue o seu curso.

ARS: Exato. Era como se você tivesse estudado, até profundamente, uma série de assuntos sobre linguagem, uma série de informações contextuais que são importantes. Eu lembro de que você tinha me dito que não, que tinha escrito tudo num certo jato bastante individual de produção.

É. Eu não estou muito a par das escolas e tudo, não.

ARS: Entre Ermelinda e Vitória, dentro de A maçã no escuro, *qual é a mais Clarice?*

Talvez Ermelinda, porque ela era frágil e medrosa. Vitória era mulher que não sou eu... Eu sou o Martim.

ARS: Exatamente. Teu livro na verdade é uma grande parábola. É uma parábola do indivíduo em busca da consciência, em busca de sua linguagem.

Se fazendo. Tanto que a primeira parte se chama "Como nasce o mundo". A segunda é "O nascimento do herói", porque já era homem e queria ser herói. E a terceira é "A maçã no escuro".

ARS: Ainda dentro desse livro, você fez leituras ou teve influência de existencialistas?

---

16 O livro de Affonso Romano de Sant'Anna que contém este ensaio se chama *O desemprego do poeta* (Belo Horizonte: Imprensa Universitária-UMG, 1962).

Não, nenhuma. Minha náusea inclusive é diferente da náusea de Sartre. Minha náusea é sentida mesmo, porque quando eu era pequena não suportava leite, e quase vomitava quando tinha que beber. Pingavam limão na minha boca. Quer dizer, eu sei o que é náusea no corpo todo, na alma toda. Não é sartreana.

ARS: Não quer dizer que você não tenha lido Sartre.

Eu só li Sartre, só ouvi falar de Sartre na época de *O lustre*, em Belém do Pará.

ARS: O Sartre já era popular em Belém do Pará? Eu digo isso porque o Benedito Nunes é de lá.

Eu tive um professor de literatura que buscava os livros da Europa, e não do Rio. Era o Francisco Paulo Mendes, do mesmo grupo do Benedito Nunes.[17]

MC: Eu acho que é muito recorrente nos contatos de Clarice com o pessoal de literatura esse desencontro, porque os estudiosos de literatura têm dificuldade em admitir que o teu trabalho é de dentro para fora, e não de fora para dentro. Teu trabalho realmente, como você mesma diz, se dita, se faz. E isso para os exegetas literários é uma coisa muito

---

17 Benedito Nunes (1929-2011) foi ensaísta, professor e crítico de arte. Amigo e especialista da obra de Clarice, escreveu inúmeros artigos e livros sobre a autora, entre eles: *Leitura de Clarice Lispector* (São Paulo: Quíron, 1973), *O mundo de Clarice Lispector* (Manaus: Ed. Gov. Est. do AM, 1966) e *O dorso do tigre* (São Paulo: Perspectiva, 1969). Neste último, inclusive, pode-se encontrar um capítulo dedicado a demonstrar as diferenças da ideia de náusea em Jean-Paul Sartre e em Clarice Lispector.

complicada, porque eles procuram os caminhos "fora" que te levariam às coisas.

É, eu sei disso.

ARS: *Você tem se descortinado muito ultimamente?*

Como em A maçã no escuro? De vez em quando acontece.

ARS: *Essa é uma das frases típicas do livro, não é?*

É, sim.

ARS: *Aquele diálogo final entre o pai e o filho, entre Deus e o filho, entre o homem e a consciência; aquele diálogo é totalmente surpreendente dentro do livro porque é uma parte irônica e de repente...*

Foi a parte mais... Eu senti tanto, porque com aquela ironia o pai destruía tudo.

ARS: *"Como vai a sua vida sexual, meu filho?"*

Como era a outra frase? Não lembro.

ARS: *"Você sabe, condenado a sentir esperança."*

"Você tem esperança?" "Tenho." Não me lembro.

ARS: *"Eu te ordeno. Ordeno que sofras esperança."*

"Vai e sofre a esperança."

ARS: *"Sabe que a vida é um combate que os fracos abate."*

E começa a degringolar.

ARS: *Então você tem na cabeça bastante dos teus textos escritos, apesar de você ter dito uma vez que nunca releu um texto seu.*

Eu ainda me lembro, mas eu nunca reli. Eu não releio. Eu enjoo. Quando é publicado já é como um livro morto, não quero mais saber dele. E quando leio eu estranho, acho ruim, por isso não leio. Também não leio as traduções que fazem dos meus livros para não me irritar.

MC: *Elas são ruins, em geral?*

Eu nem quero saber. Mas sei que não sou eu mesma escrevendo.

MC: *Você tem muitas traduções?*

A Gallimard publicou *A maçã no escuro*. Vai publicar agora *A paixão segundo G.H.* Um agente literário me procurou, dizendo que uma editora nova na França, em Paris, queria publicar *Uma aprendizagem ou o livro dos prazeres*. Ficou em suspenso um pouco porque eu tenho um outro agente literário. Pela primeira vez na vida. Carmen Balcells me procurou e perguntou se eu queria. Eu disse: "Quero". E ela me falou: "Você é muito explorada. Você é muito explorada no Brasil mesmo". Então eu aceitei.

ARS: *E ela já conseguiu vender algum título seu?*

Ah, não sei. Hoje eu vou ter um encontro com um auxiliar dela. Na Alemanha e nos Estados Unidos, publicaram *Laços de família* e *A maçã no escuro*. Na Tchecoslováquia também traduziram o livro. Lá eu era Lispectorovna. Esse eu olhei com prazer, porque que não podia entender *(risos)*. Também tem o de Caracas, que publicou *A paixão segundo G.H.* e *A legião estrangeira*. Tenho também na Argentina um bocado de livros traduzidos.

ARS: *Nós vimos em Buenos Aires uma edição espanhola, creio que* A maçã no escuro, *não?*

APÊNDICE

Publicaram quase todos os meus livros. Quando cheguei lá, fiquei boba. Eu estive lá esse ano.
ARS: *E esse pessoal paga a você?*
Não, nada. Às vezes pergunto, mas é tão inútil, porque eles não pagam mesmo. É outro país, é outra coisa, se aqui me pagam mal, quanto mais quando é em outro país! A Argentina publicou muita coisa minha, eu fiquei boba quando cheguei lá, não sabia que eles me conheciam. Fizeram um coquetel, 30 jornalistas, eu falei pela rádio, tudo meio teleguiada, porque era tudo tão estranho, tão inesperado, que eu ia agindo assim sem saber. Nem notei que estava falando para rádio... Sei lá... Uma mulher lá me beijou a mão.
MC: *Aqui no Brasil, os teus livros estão com várias editoras, no momento...*
O que, talvez, seja um erro.
MC: *E por que estão tão espalhados os teus livros?*
Sei lá, *Água viva* foi o Álvaro Pacheco quem publicou, porque ninguém tinha coragem de publicar, e o Álvaro quis, ele é arrojado, então publicou. Tinha livros pela Editora do Autor, que depois se tornou a Sabiá. Eu continuei na Sabiá e ela foi comprada pela José Olympio, que acabou ficando com a maior parte dos títulos.
MC: *Mas agora você tem livros pela Ática...*
Vou ter, vou ter. E pela Rocco também, e pela Paz e Terra...
ARS: *Que é* A maçã no escuro, *não é? É uma edição cheia de defeitos, você já viu?*

Eu nem posso olhar. Eu abri, assim, e vi que entre uma linha e outra linha tinha o nome do linotipista e a numeração da data em que ele escreveu. Eu reclamei e me disseram: "Ah, todo livro sai com erro".

ARS: Mas isso é um absurdo, porque alguns dos meus alunos, quando eu estava estudando esse livro, pensaram que aqueles nomes, aqueles números na margem do livro tinham alguma coisa a ver com o enredo e tinham sido escritos pela autora.

JS: Clarice, você publicou um livro de contos em 1952, não é?

Pelo Ministério da Educação, um livrinho fininho. Depois eu inclui esses contos em *Laços de família*, porque esse outro praticamente não teve divulgação.[18]

JS: Depois vem um livro em 1964, A paixão segundo G.H.

Mas foi escrito em 63. É curioso, porque eu estava na pior das situações, tanto sentimental como de família, tudo complicado, e escrevi *A paixão...*, que não tem nada a ver com isso, não reflete!

---

18 Primeira coletânea de contos de Clarice, *Alguns contos* (Rio de Janeiro: Ministério da Educação e Saúde – Serviço de Documentação, "Os Cadernos de Cultura", 1952) reunia algumas peças escritas em Berna, na Suíça, onde Clarice viveu de 1946 a 1949, e outras escritas posteriormente. A estes seis contos ("Amor", "Mistério em São Cristóvão", "Uma galinha", "Laços de família", "Começos de fortuna" e "O jantar") foram acrescentados outros sete novos contos, quatro dos quais já publicados na revista *Senhor*. Lançada com o título de *Laços de família* (Rio de Janeiro: Francisco Alves, 1960), esta nova coletânea, de altíssimo nível estético, marcaria de forma definitiva a carreira da escritora.

ARS: Você acha que não?

Acho, em absoluto. Porque eu não escrevo como catarse, para desabafar. Eu nunca desabafei num livro. Para isso servem os amigos. Eu quero a coisa em si.

ARS: Deixa eu criar um problema para você. Você sabe que a crítica literária hoje tem a seguinte teoria: o texto é exatamente igual ao sonho, tem um conteúdo manifesto e um conteúdo latente.

Concordo.

ARS: Então, você não acha que seria possível que no inconsciente do texto se localiza isso tudo? Quer dizer, há uma certa faixa no texto que, como no sonho, foge ao controle do sonhador...

É, fugiu do controle quando eu, por exemplo, percebi que a mulher G.H. ia ter que comer o interior da barata. Eu estremeci de susto.

ARS: Por que G.H.?

Porque era ela falando sobre ela mesma, quer dizer, não se chamava a si mesma, mas tem um pedaço em que ela consegue um nome, pois na valise, na mala, havia as iniciais G.H. Então ficou "segundo G.H.".

MC: Tem um conto seu que me intriga muito e que, de uma certa maneira, me parece muito sozinho dentro da tua obra. É o conto da rapariga portuguesa.[19]

---

19 Marina Colasanti está se referindo ao primeiro conto do livro *Laços de família*, intitulado "Devaneio e embriaguez duma rapariga".

Ih! Com esse eu me diverti à beça. *(risos)*

MC: *Eu também, mas é estranho, porque é a única vez na tua obra que o personagem e o narrador falam numa linguagem tão elaborada, numa linguagem portuguesa...*

Não sei de onde eu peguei isso, como é que eu sabia que "peúgas" é meia de homem.

MC: *Eu ia perguntar se você já morou em Portugal.*

Não. Eu já fiquei em Portugal doze dias, mas não dava. Sei lá de onde eu peguei o jeito... Fui recolhendo aqui e ali, da babá ou do botequim... E me diverti enormemente... Eu estou com vergonha de dizer, mas estou com sede. Tem Coca-Cola?... *(risos)*

JS: *Em 1969, você publicou um livro chamado* Uma aprendizagem. *Você não gostaria de nos falar um pouco do livro?*

Bom, é um livro... É uma história de amor, e duas pessoas já me disseram que aprenderam a amar com esse livro... Pois é.

JS: *E é um livro do qual você gosta muito?*

Não.

JS: *Então você prefere algum outro?* Laços de família, *por exemplo.*

De Laços de família eu estou meio enjoada, já está na sétima edição... Eu me lembro muito do prazer que eu senti ao escrever A maçã no escuro. Todas as manhãs eu datilografava, chegava a quinhentas páginas. Eu copiei onze vezes para saber o que é que estava querendo dizer, porque eu quero dizer uma coisa e não sei ainda bem ao certo. Copiando eu vou me entendendo e vou...

ARS: *Quer dizer que o seu processo de produção, em síntese, é bastante completo. Ao mesmo tempo que joga com o elemento meio irracional, trabalha também na composição e montagem do texto e depois vai refazendo esse texto integral diversas vezes.*

Não. Quando eu parto de uma ideia que me guia, eu não reescrevo, o que não quer dizer que não mexa nas palavras... Obrigada... Esse é o século da Coca-Cola!

ARS: *Você sabe que vários escritores consultados prefeririam a Pepsi?... (risos)*

Quando eu morrer, que eu não sei quando é...

ARS: *Nem pretende, não é?*

Não, não pretendo...[20]

MC: *Agora com a Academia aberta às mulheres, você corre o risco de não morrer.*

Não, eu não quero nada com a Academia, mas... O que é que eu estava falando mesmo?

ARS: *Quando você morrer...*

---

20 Principalmente nesta última fase da vida de Clarice, momento agônico em que escreveu *A hora da estrela* e *Um sopro de vida* (Rio de Janeiro: Nova Fronteira, 1978), que já denotam a proximidade da morte, este tema torna-se, cada vez mais, uma constante no discurso e na escritura da autora. Depoimentos de amigos e cartas desta época corroboram esta impressão.

Será que terá Coca-Cola e Pepsi ainda? Daqui a não sei quanto tempo? Hoje eu estou fazendo uma exceção, tomando Coca-Cola, porque eu estou fazendo regime para emagrecer e não posso tomar refrigerante. Mas eu acho tão difícil o que eu estou fazendo que estou me dando um prêmio. *(risos)*

MC: *Mas não está doendo muito não, tá? Este depoimento?*

Não, está tão normal. Está fluindo com tanta... eu não estou assustada, não estou nada.

ARS: *Você sabia que a Clarice é uma tremenda bruxa?* (risos)

Ah, isso foi um crítico, não me lembro de que país latino-americano, que disse que eu usava as palavras não como escritora, mas como bruxa. Daí, talvez, o convite para participar do Congresso de Bruxaria na Colômbia. Me convidaram e eu fui.

MC: *A única bruxa brasileira.* (risos)

ARS: *Mas conte as suas relações com a bruxaria, Clarice. Se você tivesse que introduzir o leitor nestes mistérios, quais seriam os dados?*

Não tem, não tem!

JS: *A ideia de bruxaria nasceu do crítico, e você não a desenvolveu?*

Nada, nada. Foi inconsequente, inclusive estranhei o clima de Bogotá, na Colômbia. Tinha dores de cabeça e, um dia, me tranquei no quarto, fiquei sozinha. Não atendia telefone, só chamava para comida e bebida. Estava achando tudo muito enjoado. Eu enjoo muito facilmente das coisas...

ARS: Como é que foi a sua apresentação lá?

Disseram que queriam um texto meu. Eu não sabia fazer um texto sobre bruxaria porque não sou bruxa, não é? Então traduzi para o inglês "O ovo e a galinha". Aí eu pedi a um fulano de tal, que eu não lembro o nome, para ler. Ele tinha a tradução espanhola. A maior parte das pessoas não sabe o que foi lido, não entendeu nada. Agora, um norte-americano ficou tão alucinado que me pediu uma cópia daquele conto...[21]

JS: Há algum autor que tenha influenciado mais?

Olha, que eu saiba, não.

JS: Você nunca sentiu um impacto violento com um livro?

Um pouco, às vezes. Senti com *Crime e castigo*, de Dostoiévski, que me fez ter uma febre real; *O lobo da estepe* também me virou toda... Meu primeiro emprego, quando eu tinha 13 ou 14 anos, ainda estava no ginásio, mas

---

21 O conto "O ovo e a galinha" foi publicado em *A legião estrangeira* (1964) e lido por Clarice no Primeiro Congresso Mundial de Bruxaria, realizado em Bogotá, Colômbia, de 24 a 28 de agosto de 1976. Na introdução feita por Clarice, quando da apresentação deste conto no congresso, ela afirmava: "Eu tenho pouco a dizer sobre magia. Na verdade, eu acho que o nosso contato com o sobrenatural deve ser feito em silêncio e numa profunda meditação solitária. A inspiração, em todas as formas de arte, tem um toque de magia, porque a criação é uma coisa absolutamente inexplicável. Ninguém sabe nada a propósito dela."

era professora particular de Português e Matemática... A propósito, por que eu estou falando nisso?...

JS: *Influência literária. Qual era o autor que mais te influenciou.*

Ah, bom! Então, com o primeiro dinheiro que eu ganhei, meu mesmo, entrei, muito altiva, numa livraria para comprar um livro. Aí mexi em todos e nenhum me dizia nada. De repente eu disse: "Ei, isso aí sou eu". Eu não sabia que Katherine Mansfield era famosa, descobri sozinha. Era o livro *Felicidade*.[22]

ARS: *E Virginia Woolf, com quem o próprio Álvaro Lins tentou, parece, comparar você.*

Não, não tinha lido, e dela só li *Orlando*.

JS: *E Franz Kafka?*

Kafka eu fui ler muito mais tarde, quando já tinha publicado muitos dos meus livros. Eu sinto uma aproximação muito boa, mas eu já tinha escrito muitos livros antes de ler suas obras...

ARS: *O professor de matemática é uma recorrência nos seus contos. Eu queria continuar aquela conversa do profes-*

---

[22] Katherine Mansfield era o pseudônimo usado pela contista neozelandesa Katherine Beauchamp (1888-1923). Com o livro *Bliss and Other Stories* (*Felicidade*. Trad. Érico Veríssimo. Porto Alegre: Ed. Globo, 1940), alcançou um grande sucesso de público e crítica. Seus contos, sem o que se poderia tradicionalmente chamar de enredo, se baseiam em sensações e detalham com minúcia pequenos acontecimentos que provocam modificações profundas no universo abordado.

sor de matemática que certa vez tinha te falado a respeito de um livro.

Não, de um conto: "O crime do professor de matemática".[23] Mas a Matemática me fascinava, me lembro que eu era ainda muito menina quando botei anúncio no jornal como explicadora. Aí uma senhora me telefonou, disse que tinha dois filhos, me deu o endereço e eu fui lá. Ela olhou para mim e disse: "Ah, meu bem, não serve, você é muito criança". E eu disse: "Olha, vamos fazer o seguinte: se seus filhos não melhorarem de nota, então a senhora não me paga nada". Ela achou curiosa a coisa e me pegou. E eles melhoraram sensivelmente.

ARS: Então, caberia aquela pergunta sobre matemática: dois e dois são quatro ou cinco?

Para os psicóticos dois e dois são cinco, para os neuróticos dois e dois são quatro, *but I can't stand it*, eu não aguento! *(risos)*

JS: Você chegou a conhecer o pintor Giorgio de Chirico?[24]

---

23 Publicado com o título "O crime" na revista *Letras & Artes,* em 1946, e reunido posteriormente na coletânea *Laços de família,* conta a história de um homem, que, ao encontrar um cão morto na rua, procura enterrá-lo como forma impossível de expiar o crime que cometera contra outro cão ao abandoná-lo, traindo sua amizade. Vários outros personagens da obra de Clarice são professores: Lori e Ulisses, em *Uma aprendizagem*; Martim, em *A maçã no escuro* etc.

24 Giorgio de Chirico (1888-1978), pintor italiano precursor do surrealismo, fez um dos quadros mais famosos tendo Clarice como tema. Outros artistas também o fizeram, como Ceschiatti e Carlos Scliar – este, colega na revista *Senhor* e ilustrador do livro *A mulher que matou os peixes.*

Sim, conheci. Eu estava em Roma e um amigo meu disse que o De Chirico na certa gostaria de me pintar. Aí perguntou e ele disse que só me vendo. Aí me viu e disse: "Eu vou pintar o seu retrato". Em três sessões, ele fez e disse assim: "Eu poderia continuar pintando interminavelmente esse retrato, mas tenho medo de estragar tudo".

JS: Onde se encontra esse retrato hoje?

Está lá em casa.

MC: Ela tem uma boa coleção de retratos. Vários artistas pintaram Clarice.

O negócio é o seguinte: é que eu, ao que parece, tenho um rosto um pouco exótico. E isso atrai muito aos pintores.

ARS: Você é meio asiática...

Aliás, quando eu estava em Washington, num coquetel, um homem ficou me olhando, me olhando, chegou perto de mim e perguntou: "Você é russa?". "Eu nasci na Rússia, mas não sou russa não, por quê?". "Porque você tem o tipo fino dos russos". Eu perguntei quem ele era e ele disse não sei o que Tolstói; era parente do Tolstói.

MC: Clarice, como é que você conseguiu conciliar a sua personalidade tímida e a carreira diplomática, que você era obrigada a acompanhar?

Eu detestava, mas eu cumpria com minhas obrigações para auxiliar meu ex-marido. Eu dava jantares, fazia todas as coisas que se deve fazer, mas com um enjoo...

MC: E você escrevia paralelamente? Porque a vida diplomática ocupa muito.

Escrevia! Escrevia, atendia o telefone, no meio as crianças gritando, o cachorro saindo e entrando... *A maçã no escuro* foi isso...

MC: *A presença dos seus filhos é muito constante em contos, anotações, trechos... Você viveu sempre muito ligada com eles, não?*

Sim, eu sou ligadíssima neles.

MC: *E como eles vivem o fato de você ser escritora? Eles são seus leitores?*

Não sei, nunca perguntei, mas o Paulo um dia desses falou de um conto meu, aí eu fiquei sabendo que ele leu. Porque o que eu era, e sou, principalmente, é mãe deles, e não escritora. E deve ser chato à beça ter mãe escritora.

MC: *Mãe sempre é chata, Clarice, não há possibilidade da gente não ser...*

É, mãe é chato...

MC: *Mas os contos infantis, pelo menos os que você fez para eles, você sabe que eles eram seus leitores.*

Eu sei que eram. E gostavam, porque eu não minto para criança...

MC: *"O pensamento da Laura Galinha"*[25] *você já não fez para eles.*

---

25 Marina Colasanti está se referindo ao livro infantil de Clarice intitulado *A vida íntima de Laura* (Rio de Janeiro: José Olympio, 1974), no qual retoma o tema dos animais e, em específico, da galinha, muito recorrente em sua obra.

Não. Eu fiz porque galinha sempre me impressionou muito. Quando eu era pequena, eu olhava muito para uma galinha, por muito tempo, e sabia imitar o bicar do milho, imitar quando ela estava com doença e isso sempre me impressionou tremendamente. Aliás, eu sou muito ligada a bicho, tremendamente. A vida de uma galinha é oca... uma galinha é oca!

ARS: *Uma mulher também!*

Claro, é também!...

MC: *Mas é um oco produtor, um oco que gera. Ela tem os dois lados, o de dentro e o de fora, talvez o de dentro ainda mais forte que o de fora. Os homens não, são só o de fora e monobloco...*

JS: *Quer dizer então, Clarice, que a vida diplomática não te ajudou, nem te perturbou.*

Não interferiu, porque eu escrevia em casa, a qualquer hora...

JS: *E era bom viajar?*

Olha, eu morria de saudades do Brasil. Eu estive fora do Brasil quase 16 anos. Quando não aguentava a saudade, vinha ao Brasil. Quando eu estava lá, todo mundo me dizia: "Por que não manda os livros para uma editora no estrangeiro, para traduzir?". Eu dizia: "Agora não é tempo de traduzir, é tempo de trabalhar". Não me interessa e nunca pedi a ninguém para me publicar fora do Brasil.

MC: *Falando em traduzir, essa é uma outra dessas tuas atividades paralelas. Você traduz, até muito.*

APÊNDICE

Eu descobri um modo de não me cacetear... É o seguinte: jamais leio o livro antes de traduzir. É frase por frase, porque você é levada pela curiosidade para saber o que vem depois, e o tempo passa. Enquanto que, se você já leu, sabe tudo, é um dever. Me dá um medo quando eu vejo assim, trezentas páginas na minha frente...

MC: *Eu começo pelo segundo capítulo, porque eu sempre acho que, se eu começar pelo primeiro, que é onde o leitor vai entrar, eu ainda não tenho a linguagem do autor na mão, então eu começo o segundo e quando acabo eu faço o primeiro.*

Ah! É ótimo! Eu vou adotar isso.[26]

MC: *É ótimo. O primeiro acaba mais bem feito.*

ARS: *Porque o primeiro capítulo geralmente se escreve não fim, não é?*

Apesar do aparente absurdo que você disse, é verdade.

MC: *Você escreve o primeiro no fim?*

Concomitantemente. Eu nunca sei de antemão o que vou escrever. Têm escritores que só se põem a escrever quando têm o livro todo na cabeça. Eu não. Vou me seguindo e não sei não que vai dar. Depois vou descobrindo o que eu queria.

---

26 Como tradutora, Clarice realizou adaptações de obras clássicas para o público infantojuvenil, como *Viagens de Gulliver*, de Jonathan Swift; *A ilha misteriosa*, de Júlio Verne; e *Tom Jones*, de Henry Fielding, passando por Agatha Christie (*Cai o pano*), Henrik Ibsen (*Hedda Gabler*) e García Lorca (*A casa de Bernarda Alba*).

ARS: Você tinha falado no princípio que está escrevendo um livro agora cuja personagem é uma nordestina que come sanduíche.

Não, que só come cachorro-quente, café e refrigerante e ganha menos que um salário-mínimo.

JS: Esse é o seu último livro?

É o que estou fazendo agora.

ARS: Quais foram suas últimas leituras? O que você leu mais recentemente, que tenha te impressionado mais? Mesmo de crítica literária, que eu sei que você lê para descansar...

É, eu gosto muito de ler ensaio... Mas devo confessar que há muito tempo que eu não leio.

ARS: Você acha que ler muito atrapalha o processo de criação?

Eu não diria que atrapalha, mas quando estou trabalhando eu não leio nada.

ARS: E quando você lê, mais poesia ou prosa?

Os dois, os dois. Sua poesia é muito boa, eu leio. E a Marina escreveu um livro muito bom, muito original, sem copiar de ninguém, sem modismos, inovações... Eu leio muito pouco. É um crime, mas é verdade.

ARS: Você já teve alguma tentativa explícita de escrever poesia? Porque o seu texto, a rigor, é em prosa, mas Água viva *é um texto poético...*

Todo mundo parece que começa com poesia, não é? Eu andei escrevendo umas folhas, mas jogava fora, porque não prestavam. *(risos)*

MC: Uma vez você estava conversando com a gente e disse que, quando lê uma crítica de um livro seu, você passa três dias sem escrever, sem fazer nada, completamente nauseada.

Não é nauseada, não. Eu fico quando eu estou trabalhando. Quando eu não estou trabalhando, eu leio a crítica, muito bem e tudo. Quando eu estou trabalhando, uma crítica sobre mim interfere na minha vida íntima, então eu paro de escrever para esquecer a crítica. Inclusive as elogiosas, pois eu cultivo muito a humildade. De modo que, às vezes, me sentia quase agredida com os elogios.

ARS: Você é convidada sistematicamente para fazer conferências, palestras... Você gosta?

Não gosto, mas me pagam cachê e a viagem. Eu gosto muito de viajar. Aí eu faço, e depois há os debates...

JS: Você faz isso em caráter profissional?

É, eu não gosto muito. E por falar em profissional, eu não sou escritora profissional, porque eu escrevo quando eu quero.

MC: Você disse isso ao receber o prêmio em Brasília.

Eu disse, é?

ARS: Um prêmio pelo conjunto da obra, não foi? E por falar em prêmios...

Ah, já ganhei vários. *Perto do coração selvagem* ganhou o prêmio Graça Aranha, se eu não me engano.

ARS: Você sempre se deu bem com os prêmios ou já se irritou, se envolveu em polêmicas, desgastes?...

Não, não ligava a mínima. Nada, nada.

JS: Os prêmios não te afetam em nada? Vaidade... Satisfação?

Não, não sei explicar, mas prêmio é fora da literatura – aliás, literatura é uma palavra detestável –, é fora do ato de escrever. Você recebe como recebe o abraço de um amigo, com determinado prazer. Mas, independe da...

ARS: É uma coisa circunstancial?

É. Ganhei o Golfinho de Ouro, ganhei...

JS: E o Golfinho só é dado a gente de muito gabarito!

Ganhei um Calunga, no Paraná. Você sabe o que é um calunga? No Nordeste, calunga é aquela figura de menino caricata, por causa do livro infantil. Ganhei um, de uma senhora – não sei por que ela se mete tanto com escritores –, Carmen Dolores não sei do quê.

ARS: Esse é o prêmio Carmen Dolores Barbosa, em São Paulo.

É, aí eu fui lá e recebi o prêmio, exatamente das mãos do Jânio Quadros. Depois de um discurso dele enorme, recebi o envelope e dentro 20 cruzeiros. Valia um pouco mais do que agora, mas eram 20 cruzeiros. E fiquei boba, era tão pouco![27] *(risos)*

---

27 Os prêmios ganhos por Clarice foram: Graça Aranha, em 1944, pelo livro *Perto do coração selvagem*; Carmen Dolores, em 1956, por *A maçã no escuro*; em 1967, o Calunga, da Campanha Nacional da Criança, pela publicação de *O mistério do coelho pensante*; o Golfinho de Ouro, do Museu da Imagem e do Som (RJ), em 1969, por *Uma aprendizagem ou o livro dos prazeres*; no

ARS: E as teses que são feitas sobre você em universidades, você recebe visitas, pessoas do estrangeiro?
Vem, vem sim. Há pouco tempo um jornalista uruguaio veio me entrevistar. Aliás, foi muito franco. Ele olhou os meus retratos e me disse assim: "Você era linda!... Você ainda é bonita, mas não tanto". E eu observei: "Mas o tempo passa, não é?". Ele, então, me falou: "No começo você não é simpática, fica muito fechada e desconfiada; só depois é que você se torna simpática". Mas uma coisa, pelo menos, ele me disse: "Que pena a sua mão queimada, porque você tem mãos tão bonitas!"...[28] Eu sou procurada sim, recebo muita gente. Eu tenho muita antologia, até no Canadá. Sempre me escrevem pedindo autorização, mas sem falar nunca em pagamento...

ARS: Mas agora com uma agente literária você pode cobrar tudo isso.
É bem capaz de dar um jeito.

MC: Você teve um período em que estava vendendo uns quadros seus, porque estava precisando de dinheiro.
É, pois é...

ARS: A Marina sempre diz que, num país mais organizado, mais desenvolvido, uma escritora como você teria,

---

X Concurso Literário Nacional, da Fundação Cultural de Brasília, em 1976, pelo conjunto da obra; e o Jabuti, em 1978, por *A hora da estrela*.
28 Em 14 de setembro de 1967 Clarice foi vítima de um incêndio. Ela adormeceu na cama com um cigarro aceso. As queimaduras que sofreu na mão direita e nas pernas exigiram várias cirurgias reparadoras.

por causa do que escreve, em decorrência, um nível de vida bastante tranquilo. Acho que a posição da Clarice reflete muito o problema do escritor brasileiro.

Um livro que faça sucesso de crítica, nos Estados Unidos, enriquece o escritor! Um livro!

MC: Todos os seus fizeram sucesso e você continua fazendo conferências e traduções... Você faz traduções à tarde, não é, Clarice? Porque de manhã você escreve para você.

Olha, eu faço tradução a qualquer hora. Sou muito desorganizada. Eu traduzo do inglês e do francês. Mas trabalho depressa, intuitivamente. Às vezes consulto um dicionário, às vezes não, e, dependendo do caso, várias vezes.

JS: Você aprendeu francês e inglês durante a carreira diplomática?

Não. Sabe como é que eu aprendi francês? Lendo francês. Eu não disse que era uma tímida arrojada? Peguei um livro na França e me pus a ler e, pelo sentido, pela semelhança da língua latina, eu ia pegando, pegando, até que aprendi. A conversação... bem, eu estive três anos na Suíça, e a minha empregada falava francês comigo. O inglês também foi assim, eu nunca fiz curso.

ARS: Vocês nunca falaram russo em casa?

Nunca que eu tenha ouvido, porque meu pai logo começou a falar português.

MC: Ainda ligado ao russo: você, em criança, conheceu, através de contos de fada e coisas semelhantes, o folclore russo, porque é muito rico...

É, eu sei que deve ser, mas eu nunca li.

MC: *Nem te contavam histórias?*

Não, não me contavam. Minha mãe era doente e davam todas as atenções para ela. Eu vivia atrás da empregada, pedindo: "Conta uma história, conta...". "Já contei!". "Repete, repete".

MC: *Você esteve no Recife agora. Quando você vai ao Recife se sente em casa ou sua terra é o Rio de Janeiro?*

Agora minha terra é o Leme, onde moro desde 1959. Mudei de casa, mas no próprio Leme.

ARS: *E os bairros cariocas que você cita no* Laços de família, *foi por causa de uma peregrinação que você tenha feito ou cita foneticamente?*

Não, eu não fui, não. É porque eu sei como deve ser.

ARS: *Nem o Jardim Botânico é uma curtição especial?*

O Jardim Botânico, sim.

MC: *Porque tem aquele conto, não é? E tem o do zoológico também. De zoológico você entende.*[29]

---

[29] Os entrevistadores referem-se a dois contos publicados em *Laços de família*: "Amor" e "O búfalo". No primeiro, uma dona de casa que retorna das compras vê um cego mascando chicletes e, transtornada, entra no Jardim Botânico, onde vive uma intensa experiência, a partir da qual desenvolve uma nova percepção das coisas, de si e de sua vida. No segundo, uma mulher, no jardim zoológico, busca identificar um dos animais como objeto de seu amor e de seu ódio, sentimentos estes que são projetados a partir da figura de um homem que a desprezou. O seu encontro com um búfalo negro será o momento da explosão em que a relação macho/fêmea é levada a seu limite máximo.

Um rapaz que também escreve me disse uma vez: "Você tem um conto em *A via crucis do corpo* que se passa na praça Mauá, em um inferninho, um lugar onde se bebe, se dança, com prostitutas e tudo... Você já esteve num bar da praça Mauá?". Eu disse que não. "E como é então que eu, que já estive, não sei escrever a respeito e você sabe?" *(risos)*... A gente vai pegando uma palavra aqui, uma palavra lá, o resto a gente calcula.[30]

JS: *Você como pessoa, no contexto do mundo atual, se sente integrada na sociedade ou se sente solitária?*

Olha, eu tenho amigos, amizades, mas escrever é um ato solitário. Fora do ato de escrever eu me dou com as pessoas.

JS: *Quer dizer que não sente solidão?*

Às vezes, às vezes, e até muito profunda... O Alceu Amoroso Lima escreveu uma coisa que foi muito repetida, que eu estava numa trágica solidão nas letras brasileiras.

ARS: *Não sei se é indiscrição minha, mas você podia contar a história dos pombos? A história, em si, daria um conto.*

Daria, mas um conto fantástico, que não seria tomado como realidade. Mas foi... Foi o seguinte: no dia primeiro de janeiro de 1964, uma amiga minha entrou em sua casa para buscar qualquer coisa e eu me sentei na escada-

---

30 Conto "Praça Mauá", publicado em *A via crucis do corpo*. Esta coletânea foi "encomendada" pelo editor Álvaro Pacheco, que pedira a Clarice uma coleção de contos sobre sexo para serem publicados pela Artenova. Parte da crítica e mesmo a própria autora foram reticentes em relação a esta obra.

ria para esperá-la. De repente, me deu um tal desespero com aquele sol e a água vazia, primeiro dia do ano, que eu disse: "Ai, meu Deus do céu, me dá pelo menos um símbolo da paz". Quando abri os olhos tinha um pombo junto a mim. Aí eu fui ao cinema. As lojas estavam fechadas, mas junto do cinema Paissandu, numa vitrine, havia um prato com quatro pombos que eu, no dia seguinte, fui e comprei. Está meio abandonado agora... Mas o terceiro fato foi o mais dramático: eu estava indo à cidade num dia de calor, tomei um táxi e estava tão cansada, de óculos escuros, que debrucei a cabeça em cima do braço do assento frontal. De repente, senti uma coisa entre o olho e os óculos e fui ver o que era. Era uma pena de pombo... Depois, fui fazer uma visita de camaradagem a um amigo meu que era médico e contei a história. E então perguntei: "Como é que você explica isso?". Ele apenas disse: "O que é bom não precisa de explicação..." e perguntou: "Você quer uma pena de pombo?". Assustada, eu disse: "Você tem?". Então ele pegou uma e me deu... Em outra oportunidade, quando eu fui a um médico, tomei um táxi que, no percurso, deu uma freada brusca. Eu perguntei ao chofer: "O que foi?". E ele disse: "Graças a Deus, eu acabo de evitar de matar uma pomba". Uma história incrível.

MC: Um tempo atrás você estava atravessando um pequeno período de crise de escritura. Quer dizer, você não queria escrever. Você tinha acabado o livro anterior e esta novela que está escrevendo agora. Inclusive você dizia que a tua libertação seria poder não escrever.

É claro!... Escrever é um fardo!

JS: Clarice, essa pergunta é de uma jornalista: "Você é uma intuitiva. Então como encara o extranatural em sua vida?"

Olha, o natural é sobrenatural também. Não pense que está longe, não. O natural já é um mistério.

JS: É interessante essa identificação do natural com o extranatural! Dá motivo a discussões interessantes.

É, eu acho. Um dia desses eu estava numa fazenda e o fazendeiro que falava sobre os seus próprios problemas e [ele] disse: "Porque é claro que um bezerro reconhece a mãe, ela só dá leite para o seu bezerro". E eu então disse: "Não é claro, não. Isso não é natural, não". Mas ele espantou-se: "Como não é natural?". "É um fato formidável! Você já pensou no que uma vaca pensa?". Aí o homem se estatelou todo, coitado. Mudou de assunto na mesma hora... Mas que elas reconhecem, reconhecem. Antes de se retirar o leite de uma vaca, amarra-se o bichinho ao lado da mãe e, depois, começa-se a tirar o leite. A vaca pensa que ainda está dando leite ao filho e deixa. Agora, quando chamam para o leite e soltam os bezerrinhos, cada um vai para sua mãe e nunca, nunca erram. Quando o bezerro nasce morto, pegam a pele e botam em cima de um outro qualquer para a mãe pensar que ainda estava dando leite para ele... Como você vê, com vaca e com galinha eu me dou muito bem!

MS: E também com camelos, búfalos...
Com cavalos...
JS: Talvez isso seja uma identificação com as forças da natureza.
Acho que é sim. É algo muito profundo...
ARS: A crítica já falou do sentido ôntico dos animais de Clarice.
O que é ôntico mesmo?
ARS: É o ser que se encontra dentro dos animais.
Que se encontra, se encontra!
MC: Você disse que é um animal. Você é algum animal determinado?
Não, não me sinto, não. Os outros é que me achavam com ar de tigre, de pantera. Outros me achavam parecida com uma garça, por causa das pernas compridas... Quando eu era pequena eu tinha gato que não acabava mais...
MC: As pessoas devem achar que você é meio felina por causa dos olhos, mas não é não. É porque você tem um comportamento interno e uma observação constante, que é dos felinos.
É, eu concordo. Com aquilo que eu conheço de gatos, eu concordo.
ARS: Você se encolhe e dá pulos também, não é?
MC: Você não pode falar nada, Affonso, porque é cavalo... E eu sou raposa. (risos)
E ele, o que é?
ARS: Ele é um salgueiro, esplêndido na planície!... (risos)

É, uma frondosa árvore. Com muitos frutos...
JS: Que ótimo! Partindo da Clarice é uma coisa formidável!...

Sobre o livro

Formato: 14 x 21 cm
Mancha: 9,5 x 15 cm
Tipologia: Minion Pro 12/16
Papel: Off-white 80 g/m² (miolo)
　　　Cartão Supremo 250 g/m² (capa)

Equipe de realização

Edição de texto
André Fernandes (Preparação do original)
Giuliana Gramani (Revisão)

Assistência editorial
Jennifer Rangel de França

Capa, projeto gráfico e editoração eletrônica
Estúdio Bogari

Impressão e acabamento